Rolf Goetz

SPIRITUELLE GEMEINSCHAFTEN

Ein Wegweiser für das Neue Zeitalter

2. aktualisierte & erweiterte Auflage
1985
mandala verlag Peter Meyer
D-5429 Katzenelnbogen

CIP - Kurztitelaufnahme der Deutschen Bibliothek:

Goetz, Rolf:
Spirituelle Gemeinschaften in aller Welt: e.
Wegweiser für d. Neue Zeitalter / Rolf Goetz.
– Klingelbach: mandala verlag P. Meyer 1984
ISBN 3-922057-21-7

SPIRITUELLE GEMEINSCHAFTEN

Gesamtherstellung: Hain-Druck, Meisenheim
Satz: MarGis Verlag, Werdorf & mandala verlag
Umschlag: Gabriele Ellinger, Mainz

Verlag: mandala verlag Peter Meyer
Klingelbach
Postfach 60
D-5429 Katzenelnbogen

ISBN: ISBN 3-922 057-21-7

DANKE SCHÖN

Bei der Zusammenstellung dieses Reiseführers wirkten eine Vielzahl von Menschen mit, denen ich an dieser Stelle herzlich danken möchte. Für die widerfahrene Gastfreundschaft geht mein Dank insbesondere an Lama Foundation, die Farm in Tennessee und an die Siedlungen Aurogreen, Hope, Nine Palms, Auroson's Home und Fraternity in Auroville. Besonders danken möchte ich all den lieben Leuten, die durch persönlichen Rat und Gespräche oder teilweise intensive Korrespondenz zum guten Gelingen dieses Buches beigetragen haben:

Irene und Alexander von der Farm in Dornhausen;
Allen Meltzer, David Luce und Jack Garland von der Farm in Tennessee;
Corinne Mc Laughlin und Gordon Davidson von Sirius;
Virginia Wolf von Twin Oaks;
Jim, Hoydt und Dee von East Wind;
Mikki, Yamil, Marygold und Mary Ann von Lama Foundation;
Dee, Erika, Frances und Medhananda von Auroville;
Anke Kreutzer von Kirpal Singh;
Wolfgang Martin vom Sanften Weg;
Frank Schickler vom Schickler Verlag;
Karl-Heinz Koch vom Param Verlag;
Erik van den Abbeele vom I.O.C. in Belgien;
Stein Jarving vom I.C.N. in Norwegen;
Lionel Polland vom I.C.N. in Australien;
Moshe Matsuba vom Japanese Communes Movement;
Besonderen Dank an Barbara Rausch und Peter Meyer vom mandala verlag sowie an Peter Queissert, Peter Hannebauer und Angelika Bartel.

INHALTSVERZEICHNIS

Dort angekommen,
wo das Wasser aufhört

Sitze ich und schaue,
wie die Wolken aufsteigen.

Wang Wei

EINLEITUNG

Die Idee zu diesem Buch entstand unter den Eindrücken zweier ausgedehnter Auslandsaufenthalte. Asien und Nordamerika waren die Reiseziele. Beide Kontinente stehen stellvertretend für die gegenwärtige Anziehungskraft spiritueller Ideen. Indien und Amerika sind geradezu die Kristallisationspunkte der Neuen Spiritualität.

Die seit alters her tiefe Religiösität des Ostens konnte selbst bis in unsere Zeit hinein einen Teil ihrer Ausstrahlungskraft und Faszination beibehalten. So scheint in den in paradiesischer Idylle gelegenen Hochtälern des Himalaya die Welt noch in Ordnung zu sein. Dank ihrer geographischen Abgeschlossenheit vermochten einzelne Bergvölker von den zersetzenden Einflüssen der westlichen Kultur nahezu unberührt zu bleiben. Noch vor wenigen Jahren waren Namen wie Hunza, Tibet, Ladakh, Zanskar, Mustang, Dolpo oder Sikkim stets von einem Hauch von Abenteuer begleitet. Heute ist es selbst für den westlichen Normalbürger möglich geworden die meisten dieser ehemals für Fremde verschlossenen Provinzen und halbautonomen Königtümer zu besuchen.

So zog es auch mich in diese entlegenen Landstriche. Auf den Spuren Marco Polos und Sven Hedins pilgerte ich zu Fuß auf alten Karawanenstraßen fernab von Autostraßen, Elektrizität und den übrigen Errungenschaften moderner Zivilisation. In mittelalterlich anmutenden Bergdörfern traf ich auf einfache Menschen, die mit sich selbst und der sie umgebenden Natur noch in Einklang zu sein schienen. In den lamaistischen Klöstern Nepals und Ladakhs stieß ich auf Überreste einer einstigen buddhistischen Hochkultur, deren Religiösität, Kunst und Lebensweise in der westlichen Welt immer stärkere Beachtung finden.

Kommt man von den Bergen hinunter in die nordindische Tiefebene, so eröffnet sich dagegen eine völlig andersartige Welt. Der indische Subkontinent ist von pulsierendem Leben erfüllt. In den Metropolen Bombay, Delhi und Kalkutta prallen die Gegensätze zwischen Ost und West in aller Deutlichkeit aufeinander. Der Inder wird mehr und mehr von dem vermeintlichen Segen moderner Technologie und westlicher Lebensart angezogen. Umgekehrt wendet sich der westliche Mensch bereits von jenen 'Errungenschaften' wieder ab, die der Asiate gerade erst schätzen lernt. Der Europäer sucht vielmehr im Osten Antwort auf Fragen, die in seiner Konsum- und Plastikwelt keine Antwort mehr finden. Trotz der immer stärkeren Annäherung und Verschmelzung beider Kulturen leben dennoch in Indien die alten Traditionen des Ostens weiter.

Kreuz und quer zog es mich durch den indischen Subkontinent. Pushkar, Bombay, Poona, Goa, Bangalore, Pondicherry und Auroville ebenso wie die südindischen Tempelstädte Madurai, Mahabalipuram und Rameswaram waren die Stationen einer faszinierenden Reise. Keinen Tempel, keinen Schrein, keinen Wallfahrtsort und keinen Ashram ließ ich unbeachtet zurück. Überall strömte mir die Kraft und Weisheit indischer Spiritualität entgegen. Als Tourist, Pilger und Sucher nahm ich aktiv am spirituellen Erbe Indiens teil.

Die darauffolgende Reise nach Nordamerika verlief nach einem ganz ähnlichen Muster. Das neu erwachte Interesse an dem traditionellen Wissen der amerikanischen Ureinwohner zog auch mich in die Stammesgebiete der Pueblo-Indianer, der Navajos und ins Land der Hopis. Die Suche nach den Keimzellen spiritueller Lebensformen führte mich in die abgelegensten Winkel des Landes zu kleinen und großen spirituellen Zentren, die in ländlicher Abgeschiedenheit ihre Vorstellungen vom alternativen Leben in die Wirklichkeit umzusetzen versuchen. Landkommunen, Zen-Klöster oder am hinduistischen Beispiel orientierte Ashrams verbreiteten sich im letzten Jahrzehnt über ganz Amerika. Die spirituelle Neubelebung in Nordamerika ist die Antwort auf eine mehr und mehr materialistisch orientierte Lebensweise.

Noch vor wenigen Jahren waren es gerade mal eine Handvoll Menschen, welche die Ideen des Neuen Zeitalters zum Ausdruck brachten. Isoliert und vereinzelt lebten sie über den ganzen Erdball verstreut. Die Keime beginnen allmählich Wurzeln zu schlagen. Mittlerweile ist in fast allen westlichen Ländern eine nicht mehr übersehbare Gegenkultur herangewachsen. Eine beständig sich ausweitende Zahl alternativer Projekte beginnt sich in den Nischen des kapitalistischen Systems anzusiedeln. Vielfältige kulturelle, philosophische und religiöse Richtungen strömen zu einem weltanschaulichen Bezugssystem zusammen, das einem Schmelztiegel ähnlich die verschiedensten Visionen und Ideen miteinander verbindet. Die Kinder des Wassermannzeitalters beginnen sich vom überlasteten Erbe ihrer Mütter und Väter zu lösen. Sie propagieren ein Neues Zeitalter, dessen Grundprinzipien gewaltlos, kommunitär und ökologisch sein werden. "New Age" in diesem Sinne umfaßt ein breites Spektrum von Visionen, Aktivitäten und Projekten, die darauf hinzielen, einen umfassenden sozialen Wandel in allen Lebensbereichen einzuleiten. Der Begriff ist mittlerweile schon so weit gefaßt, daß er bereits beginnt schwammig zu werden. New Age ist vielleicht lediglich ein Hinweis, ein Wegweiser in eine bestimmte Richtung des Denkens und Handelns hinblicklich einer mehr harmonischen, kreativen, selbstbestimmten und ganzheitlichen Lebensweise. Alternative Ausgänge, kleine Fluchten oder Keimzellen einer neuen Gesellschaft? Die Frage scheint noch nicht entschieden zu sein. Ein hoffnungsvoller Anfang ist zumindest gemacht.

Obschon seit der Gründungswelle von Kommunen in den sechziger Jahren die verstrichene Zeit relativ kurz ist und sicherlich keine vorschnellen Verallgemeinerungen zuläßt, lassen sich alles in allem bereits durchaus positive und ermutigende Entwicklungen aufzeigen. Wenn auch das alte Gesellschaftssystem nach wie vor allmächtig erscheint, so sind für den wachen Beobachter die Keime einer Neuen Kultur unübersehbar geworden. Dieses Buch soll schließlich dazu beitragen einen Überblick über die derzeit bekanntesten New Age Kommunen, spirituellen Gruppen und traditionellen Ashrams zu geben. Wie jede Auswahl, so ist auch diese unvollständig und subjektiv. Im Vordergrund stehen die ländlichen Zentren der spirituellen Scene. Neben ausgewählten Ländern Europas werden insbesondere auch zahlreiche spirituelle Kommunen in Nordamerika, Australien, Japan und Indien vorgestellt. Möge dieser kleine Reiseführer mithelfen die praktische Verwirklichung unserer Ideale voranzubringen.

VORBOTEN EINES NEUEN ZEITALTERS

Landkommunen, Dorfprojekte und die wachsende Zahl spiritueller New Age Gemeinschaften in allen westlichen Ländern geben zu der Vermutung Anlaß, daß der Traum vom neuen Leben auf dem Lande noch lange nicht ausgeträumt ist. Der Zusammenschluß zu ländlichen Kommunen ist eine Form des Ausstiegs aus den vorgefertigten Bahnen von Karriere und Konsum. Dorfprojekte und Kommunen symbolisieren dabei gleichzeitig einen aktiven Einstieg in eine Neue Kultur, die sich grundlegend von der alten unterscheiden wird.

Mittlerweile gibt es tausende von Kommunen, die versuchen, fernab von den städtischen Zentren in ländlicher Abgeschiedenheit ihre Vorstellungen einer naturgemäßen und möglichst selbstbestimmten Lebensweise zu verwirklichen. Seit Mitte der sechziger Jahre die ersten Schlagzeilen in malerisch aufgemachten Berichten von auf's Land abgewanderten Hippiekommunen die Medienlandschaft bereicherten, ist es in den letzten Jahren merklich ruhig um sie geworden. Wenn auch viele der frühen Kommunen ein recht chaotisches und kurzlebiges Dasein fristeten, so haben sich mittlerweile eine beträchtliche Anzahl von Gruppen stabilisiert. Sowohl in wirtschaftlicher als auch in sozialer Hinsicht bieten sie einen wirkungsvollen Gegenpol zur überaus materialisierten und profitorientierten Industriegesellschaft. Der Trend zum einfachen Leben hält nach wie vor an. Viele der ländlichen Gruppen sind inzwischen zu Dörfern angewachsen. Ob Ananda Village in Kalifornien oder Abode of the Message und Renaissance in Massachusetts, ob Findhorn in Schottland oder Auroville in Südindien – sie alle existieren teilweise seit zehn und mehr Jahren und zählen jeweils mehrere hundert Einwohner. Obwohl diese Gruppen in Organisation und weltanschaulicher Ausrichtung manchmal grundverschieden sind, lassen sie doch verbindende Gemeinsamkeiten erkennen. Sie haben alle der Industriegesellschaft den Rücken zugewandt und versuchen, auf dem Lande einen neuen Anfang zu machen. Dem Rhythmus der Natur angepaßt führen sie ein einfaches, erdverbundenes Leben. Sie bestellen ihr Land ohne chemische Dünger und Spritzgifte und ernähren sich gesund. Sie besitzen und verwalten Land und Produktionsstätten gemeinsam. Demokratische Strukturen ermöglichen allen die Beteiligung und Mitbestimmung an Entscheidungsprozessen. Sie fällen Holz und bauen damit ihre Häuser. Neue Wege im Hausbau bringen zudem eine wieder mehr ästhetische und vor allem menschengemäße Form des Wohnens mit sich. Die Anwendung sanfter Technologie und alternativer Energiequellen sorgen für eine möglichst schonende Behandlung von Mensch und Umwelt. Sie bringen ihre Kinder zu Hause zur Welt und unterrichten sie in der eigenen Schule. Die Erziehung ist in den Rahmen der Großfamilie eingebettet. Alles in allem also durchaus Lichtpunkte in einer immer entmenschlichter werdenden Umwelt.

Der Auszug aus den Städten resultiert nicht zuletzt aus einer radikalen Ablehnung der städtischen Wohnkultur. Die Rückkehr zu einer einfachen Lebensweise auf dem Lande zeigt die dringende Notwendigkeit, die Natur in den Erfahrungsbereich des Menschen zurückzubringen. Die in den Großstädten vermauerte Abgeschnittenheit von dem natürlichen Lebensraum verstärkt die Sehnsucht nach einer Wiedereingliederung in den natürlichen Lebensrhythmus. Die neuen Landkommunen verstehen sich selbst als Teil der Natur.

Das Spektrum der New Age Kommunen

Mit ein wesentliches Ziel der Jugendrevolte der sechziger Jahre war es, das als krankhaft erkannte herrschende soziale System durch politisch, ökonomisch und wenig später auch ökologisch neue Formen des Zusammenlebens zu revolutionieren, bzw. zu reformieren.

Kommunen als radikalste und konsequenteste Form des Zusammenlebens und -arbeitens schossen wie Pilze aus dem Boden. Von linksorientierten Ideen bestimmt lag damals die Lösung aller Probleme in der aktiven Veränderung der äußeren Umwelt. Mit dem Ausklang der politischen Bewegung wandelten sich auch die Einstellungen. Die ehemalige Unzufriedenheit mit dem politischen System entwickelte sich mehr und mehr zu einer Unzufriedenheit mit dem persönlichen Lebenszusammenhang. Äußerliche Aktivitäten wichen einer mehr innerlichen, selbsterforschenden Arbeit. Doch wo ist bei dieser mehr auf das Selbst bezogenen Arbeit anzusetzen? Wie kann der Einzelne dazu beitragen, sich und die Welt zu verändern? Welche Kräfte vermögen es, dieses so allmächtig erscheinende Gesellschaftssystem so zu beeinflussen, daß sich darin neue Strukturen, neue Lebensformen herausbilden können, die schließlich eine umfassende Wandlung des bisherigen Lebensstils bewirken?

Auf dem Weg zu einer bewußten Veränderung des Alltagslebens diente die alte Weisheit des Ostens als erste Orientierungshilfe. Die ungeheuerliche Anziehungskraft östlicher Philosophien ist mittlerweile augenscheinlich geworden. Seit 1893 mit Swami Vivekananda der erste indische Yogi amerikanischen Boden betrat, wird die westliche Welt geradezu von einer Woge fernöstlicher Propheten, Gurus und Heilsbringer heimgesucht. Indische Yogis, japanische Zen-Meister oder Sufis aus dem Nahen Osten vermochten innerhalb weniger Jahre eine beträchtliche Schülerschaft um sich zu scharen. Die massenhafte Hinwendung zu östlicher Philosophie läßt einen fundamentalen Mangel unserer westlichen Kultur erkennen: der spirituelle Lebensbereich ist ausgegrenzt. Der westliche Mensch ist an einem Punkt angekommen, an dem er nicht mehr weiß, warum und wozu er eigentlich existiert.

Wegbereiter für die neuerliche spirituelle Renaissance im Westen waren zweifelsohne die Hippies der späten sechziger Jahre. Östliche Philosophie sowie Einflüsse aus Christentum, Schamanismus, Astrologie und den Erfahrungen mit psychedelischen Drogen vermischten sich zu einem völlig neuen Bezugssystem. Nahezu parallel zur 'love and peace' Philosophie der Hippies entwickelte sich innerhalb der modernen Psychologie und Psychotherapie eine Vielzahl therapeutischer Techniken, die ebenfalls darauf ausgerichtet sind, die persönliche Entwicklung des Menschen zu fördern und zu vervollkommnen. Die spirituelle Neubelebung ist somit nicht ausschließlich auf östliche Weisheit und meditative Praktiken beschränkt. Die spirituelle Renaissance umfaßt vielmehr eine Mischung aus Drogenerfahrungen, traditionellen spirituellen Disziplinen und moderner Psychotherapie. Meditation und Therapie sind die Grundpfeiler der gegenwärtigen Hinwendung nach Innen. Die Annäherung von traditionellen, orientalischen Techniken und westlicher Psychotherapie ist zweifelsohne eine der erstaunlichsten Erscheinungen, welche die Suche nach spiritueller Erfahrung in einer ganz anderen Dimension erscheinen läßt. Aus einer ehemals kleinen Minderheit von Außenseitern der Gesellschaft ist mittlerweile eine breitangelegte kulturelle Strömung entstanden. Eine wachsende Zahl von Menschen ist gegenwärtig dabei, Informationen, Konzepte und Ideen zu entdecken, die das bisherige System von Wissen und Erfahrung fundamental infrage stellen und verändern.

Wo auch immer wir unsere Aufmerksamkeit hinlenken, ob zu Politik, Ökonomie, Ökologie, Technik, Kultur oder Religion – überall ist ein Wandel augenscheinlich. Die überlieferte Gesellschaftsstruktur und der damit verbundene Lebensstil sind nicht mehr fähig, die wachsenden Probleme der modernen Gesellschaft in einer fortschrittlichen Weise zu lösen. Es ist offensichtlich geworden, daß materieller Überfluß und eine nahezu perfekt anmutende Wissenschaft und Technik uns trotz allem unbefriedigt und ruhelos lassen.

Die New Age Bewegung verspricht einen neuen Anfang. Das Spektrum der neuen Kommunen umfaßt ein weites Experimentierfeld. Wir finden darunter Landkommunen, die in erster Linie darauf aus sind, sich mit Nahrungsmitteln aus biologischem Anbau selbst zu versorgen. Ökologisch orientierte Gruppen wie New Alchemy in Massachusetts, Windstar in Colorado oder die Arche in Holland experimentieren erfolgreich mit Sonne, Wind, Biogas oder Aquakultur. Stadtprojekte wie Arcosanti in Arizona und Cerro Gordo in Oregon planen, die ganze architektonische Anlage der zukünftigen Städte ökologischen Gesichtspunkten unterzuordnen. In therapeutischen Kommunen wie Esalen in Kalifornien wird versucht, das persönliche Wachstum des Einzelnen durch besonders intensive Gruppenkontakte zu fördern. Durch Christentum und östliche Weisheit beeinflußte Gemeinschaften praktizieren Meditation und Yoga und versuchen ihren Idealen entsprechend zu leben. Auch schamanistische und insbesondere indianische Einflüsse werden von der New Age Bewegung wieder neu belebt. In zahlreichen amerikanischen Landkommunen bestimmen Hogans, Tipis, Adobehäuser und indianische Schwitzhütten zumindest den äußeren Rahmen der Kommunen. Manche der Kommunen, so beispielsweise die Farm in Tennessee, verstehen sich selbst als Stammesverband. Und eine ganze Reihe von New Age Gruppen wie beispielsweise Bear Tribe in Washington, Mettanokit in New Hampshire oder Meta Tantay in Nevada wurden direkt von Indianern gegründet. Traditionelles Wissen der Naturvölker findet wieder weitreichende Beachtung. Bestseller wie die 'Sieben Pfeile' von Hyemeyohsts Storm oder Castanedas 'Lehren des Don Juan' bestätigen diese Tatsache. Zwar gibt es beträchtliche Kontroversen über die Authenzität dieser Bücher. Es kann jedoch nicht verleugnet werden, daß sie in ihrer Weisheit und Kraft ein großes spirituelles Bedürfnis ansprechen.

Vom Gurukult zu Gruppenbewußtsein

Ein wesentliches Kriterium, was New Age Gruppen von religiösen Sekten unterscheidet, hat mit Macht und Autorität zu tun. Gewöhnlich wird eine Sekte von einem autoritär-patriarchalischen Guru geführt, dessen Wort absolutes Gesetz ist. Bis auf einige wenige ausgesuchte Meisterschüler haben die anderen Anhänger in Entscheidungsprozessen kein Mitspracherecht. Spirituelle Kommunen dagegen basieren auf einer mehr oder weniger demokratischen Grundlage. Obwohl eine ganze Reihe von New Age Kommunen, insbesondere jene, die sich am Hinduismus orientieren, durch einen Guru einen starken Zusammenhalt gefunden haben, werden die alltäglichen Erfordernisse von den Gruppenmitgliedern selbst geregelt. Dies ist der Fall in den yoga-orientierten Kommunen Ananda Village und dem Kripalu Center, ebenso wie bei der Farm in Tennessee oder auch in der von Pir Vilayat Khan gegründeten Sufikommune Abode of the Message.

In anderen Kommunen ist wiederum eine merkliche Abkehr von den starken Führerpersönlichkeiten zugunsten eines mehr gleichberechtigten Gruppenprozesses zu beobachten. Jeder weise Führer wird bestrebt sein, seine Schüler von äußeren Autoritäten zu befreien. Der spirituelle Lehrer kann nur Wege und Möglichkeiten aufzeigen. Die eigentliche Arbeit muß vom Schüler selbst geleistet werden. Das Ziel aller spiritueller Arbeit kann nur in dem Bestreben liegen, eine mündige, völlig selbstständige Persönlichkeit oder Gruppe zu schaffen, die aus dem eigenen Innern deutlich erfährt, was der persönlichen und gesellschaftlichen Weiterentwicklung förderlich ist.

Eines der in dieser Beziehung augenscheinlichsten Beispiele für die Wandlungsfähigkeit einer Gruppe ist die schottische Findhorn Community. Während der ersten Jahre Findhorns war es für die damals noch kleine Gruppe selbstverständlich, von der starken Hand des Gründers

Peter Caddy geführt zu werden. Alle Mitglieder akzeptierten die Notwendigkeit, von Peter Caddy angeleitet zu werden. Für das Überleben der Gruppe schien es geradezu unumgänglich zu sein, eine straff geführte Leitung zu haben. Anfang der siebziger Jahre wuchs nun die Gemeinschaft schnell an. Mit wachsender Gruppengröße verteilten sich auch die Verantwortlichkeiten. Es entwikkelte sich mehr und mehr ein Gruppenbewußtsein. Zunächst einmal entstand eine kleine Kerngruppe, von der die wichtigsten Entscheidungsprozesse ausgetragen wurden. Im Laufe der Jahre wurde die hierarchische Struktur Zug um Zug zugunsten einer dezentralen Entscheidungsstruktur abgebaut. Entscheidungen werden heute weniger durch Mehrheiten als vielmehr durch weitgehende Übereinstimmung aller Beteiligten erreicht. Kürzlich wurde ein Dorf-Council ins Leben gerufen, welches alle wesentlichen Bereiche der Gemeinschaft repräsentiert. Die Funktion des Rates ist es, Richtlinien für die künftige Entwicklung von Findhorn auszuarbeiten. Findhorn zeigte die Fähigkeit sich zu wandeln. Mit der allmählichen Ausarbeitung eines Gruppenbewußtseins veränderte sich auch die Organisationstruktur der Gemeinschaft. Peter Caddy, die einstige Vaterfigur der Gruppe, lebt heute die meiste Zeit des Jahres außerhalb Findhorns.

Wirtschaftliche und soziale Stabilität

Wie die ideologische Vielfalt der New Age Kommunen, so sind auch die wirtschaftlichen und sozialen Beziehungen voneinander recht verschieden. In der Anfangsphase der Kommunebewegung richteten sich die wirtschaftlichen Aktivitäten neben der Selbstversorgung mit Lebensmitteln aus dem eigenen Garten in erster Linie auf künstlerisch-kreatives Handwerken. Weg von abstumpfender Fabrik-, Büro- und Verwaltungsarbeit, mit den Händen selbst etwas machen, gärtnern, formen, töpfern, schneidern, tischlern – dies waren die Vorstellungen der ersten Landkommunen. Dabei wurde in Kauf genommen, daß sich solche Arbeit nur am Rande des kapitalistischen Wirtschaftssystems abspielen konnte. Produziert wurde in erster Linie für Naturkostläden und nicht gerade billige Modeboutiquen.

Heute wird mehr und mehr versucht, in gesellschaftlich bedeutsamen Bereichen Fuß zu fassen. So betreibt Abode of the Message eine Autoreparaturwerkstatt und stellt Holzfeuerungsöfen her; die nordamerikanischen Walden Two Kommunen haben sich auf die Anfertigung von Hängematten spezialisiert; East Wind produziert Erdnußbutter, die Farm stellt Sojaprodukte her; ebenfalls die Farm und Sirius bauen mit Sonnenenergie beheizbare Häuser; in Auroville werden Wolldecken gewebt und pädagogisches Kinderspielzeug hergestellt; selbstverwaltete Kollektive in der Bundesrepublik betreiben mechanische Werkstätten, Reparaturbetriebe und Bäckereien. Und nicht zuletzt haben sich eine ganze Reihe von Kommunen zu bedeutsamen Schulungs- und Therapiezentren entwikkelt. Heilkunst, Massage, Gestalt, Encounter, Meditation, Yoga, Tai Chi und Aikido gehören zu den geläufigsten Kursangeboten. Für viele der großen und bekannten Kommunen wie Ananda Village, Lama Foundation und Findhorn sind die Einnahmen aus Kurs- und Besuchsprogrammen zu einem wesentlichen ökonomischen Faktor geworden. Findhorn beispielsweise erzielt knapp zwei Drittel aller Einnahmen aus dem Besuchsprogramm.

Die meisten der Kommunen sind mittlerweile wirtschaftlich so gefestigt, daß ein Weiterbestehen auch für die nächsten Jahre gesichert sein wird. Der soziale Zusammenhalt wird jedoch nach wie vor durch Fluktuation, Mitgliederschwund, einseitige Geschlechtsverteilung und zwischenmenschliche Probleme geschwächt. Wurden in der ersten euphorischen Gründungsphase die Kommunen von Besuchern und neuen Mitgliedern geradezu überflutet, so begannen sich Mitte der 70er Jahre erste Zeichen von Stagnation breit zu machen. Um dem Zerfall nicht hilflos entgegen zu gehen, sahen sich einzelne Kommunen erstmals zu gezielter Mitgliederwerbung gezwungen. Vorhandene freie Plätze in Kommunen überstiegen die Nachfrage. Inzwischen hat sich das Bild wieder gewandelt. Insbesondere die spirituell orientierten Gemeinschaften erfreuen sich eines ungebrochenen Zulaufs. Ein übergreifender spiritueller Lebenszusammenhang scheint für Stabilität und Weiterentwicklung einer Kommune eine entscheidende Rolle zu spielen. Ein Blick in die Geschichte zeigt, daß von den Kommuneprojekten früherer Jahrhunderte außschließlich die religiös motivierten Gemeinschaften sich über mehrere Generationen hinweg behaupten konnten. Spirituelle Gemeinschaften wie die Farm in Tennessee, Findhorn oder Abode of the Message bieten ihren Mitgliedern mehr als ein bloßes zu Hause. Es sind Zentren, die die Möglichkeit in sich tragen, ein völlig neuartiges Lebensgefühl zu entwickeln.

Tips für Besucher

Die meisten Kommunen sind Besuchern gegenüber sehr aufgeschlossen. Sie haben ein starkes Interesse, den praktizierten Lebensstil anderen Menschen zugänglich zu machen. Der Besucher sollte dabei allerdings einige Grundregeln beachten. Oberstes Gebot ist: Komme nicht unangemeldet. Denke immer daran, daß die Kommune für die festen Mitglieder ein zu Hause ist. Melde Dich daher schriftlich an und warte eine Antwort ab. Lege dafür reichlich Rückporto, eine Ein-Dollar-Note oder einen internationalen Antwortschein (beim Postamt) bei. In kurzfristigen Fällen genügt auch ein Anruf. New Age Kommunen sind keine Plätze zur Erholung oder für ein paar Ferientage. Es wird vom Besucher erwartet, daß er während seines Aufenthaltes an der täglichen Arbeitsroutine teilnimmt.

Trotz der generellen Offenheit für Besucher hat sich bei manchen Kommunarden, insbesondere in den bekannten Kommunen (z. B. Twin Oaks, Lama Foundation) eine gewisse Besuchermüdigkeit breitgemacht. Ständig wechselnde Gesichter, der fortwährende Einbruch in die

Privatsphäre sowie immer wiederkehrende stereotype Fragen führten zu einer manchmal gleichgültigen und ablehnenden Haltung dem Besucher gegenüber. Der Gast sollte daher ein gewisses Maß an Einfühlungsvermögen mitbringen.

Ein beträchtlicher Teil der Kommunen hat sich darauf eingerichtet, die Besucherströme zu beidseitigem Vorteil zu nutzen. Dem Besucher soll durch ein durchdachtes Kurs- und Arbeitsangebot während seines Aufenthaltes die Möglichkeit einer sinnvollen Integration in die Gemeinschaft angeboten werden. Auf Anforderung zugesandte Kursprogramme informieren ausführlich über mögliche Aktivitäten. Manche Gruppen, wie beispielsweise Findhorn, sind das ganze Jahr für Kurse und Besucher offen. Andere haben bestimmte Besuchstage eingerichtet oder beschränken ihr Besuchsprogramm lediglich auf die Sommermonate. So ziehen es Lama Foundation oder das Tassajara Zen Center vor, die Winterzeit relativ abgeschlossen von der Außenwelt zu verbringen.

Von den großen Dorfprojekten sind Besuche auf der Farm in Tennessee oder im südindischen Auroville am wenigsten vorstrukturiert. Wie in vielen der insbesondere amerikanischen Kommunen üblich, gibt es auf der Farm und in Auroville kein Programm, keine workshops oder einen Besuchsmanager, der den ersten Rundgang organisiert. Die Farm ist daran interessiert, die Besuchszeit so kurz als möglich zu halten. Dem Besucher steht es frei sich in den Arbeitsalltag einzugliedern. Auroville dagegen ist insbesondere für langfristigen Besuch offen. Wer die weite Reise nach Südindien macht, sollte für einen Aufenthalt in Auroville mindestens zwei bis drei Monate einplanen.

Die meisten der ländlichen Kommunen haben sich der billigen Grundstückspreise wegen in wirtschaftlich vernachlässigten und verkehrsmäßig relativ unerschlossenen Gebieten niedergelassen. Abseits aller linienmäßigen Verkehrsverbindungen ist es für den Besucher machmal schwierig, die gewünschte Gruppe zu finden. Mangels fehlender Bus- oder Bahnverbindungen ist in Nordamerika Autostop oftmals die einzige Möglichkeit. Die letzten Kilometer müssen zumeist auf ungeteerten, holprigen Feldwegen zurückgelegt werden. Es ist ratsam, bei der Anmeldung immer einen genauen Lageplan von der betreffenden Kommune anzufordern.

SPIRITUELLE GEMEINSCHAFTEN

Wie sind die neuerlichen Zusammenschlüsse zu spirituellen Zentren und Kommunen erklärbar? Spirituelles Wachstum scheint für den Einzelnen umso schwieriger zu sein, wenn er auf sich allein gestellt isoliert in einem sozialen Milieu zu leben hat, das nach wie vor von niederen Motiven bestimmt wird. Der konsequente Versuch sich einen Weg aus dem dichten Dschungel von Habsucht, Drogen, Konsumzwang und sozialer Anpassung zu bahnen, stößt zwangsläufig auf seine Grenzen. Wie erscheint es machbar, in einer Welt zurechtzukommen, die als durch und durch schlecht angesehen wird, deren System sozialen Zusammenlebens vollkommen morsch, destruktiv und überfällig ist?

Ein seit alters her traditioneller Weg, aus dem Dilemma sich ständig kollidierender Lebensweisen herauszufinden, ist der Zusammenschluß zu einer Lebensgemeinschaft mit Gleichgesinnten. Im Orient war es der Ashram, im mittelalterlichen Europa das Kloster, im letzten Jahrhundert waren es die zahlreichen Siedlungsversuche christlicher Auswanderer. Ziel solcher Zusammenschlüsse war es, das bürgerliche Leben zu verlassen, um fortan in weltlicher Abgeschiedenheit frei von zersetzenden Einflüssen den angestrebten Idealen gemäß zu leben. Fernab von weltlichen Belangen bildeten sich zumeist in relativ abgelegenen Landstrichen inselartige Enklaven. Sektierertum, Dogmatismus und Askese waren nicht selten die unausweichlichen Folgen dieses Rückzuges. In unserer heutigen Zeit muß dieser im Grunde einsiedlerische Weg völlig überholt erscheinen. Spirituelles Wachstum hängt in erster Linie von der inneren Einstellung ab, die Umgebung ist von zweitrangiger Bedeutung, was nicht heißen soll, daß sie gänzlich vernachlässigt werden kann. Spiritualität sollte in allen Bereichen des menschlichen Lebens Verwirklichung finden können.

Dessen ungeachtet hat die spirituelle Gegenkultur der Neuzeit ihre wichtigsten Zentren auf dem Lande gefunden. Eine ländliche, weitgehend natürlich erhaltene Umwelt fernab vom hektischen Getriebe der Großstadt scheint nach wie vor den idealen Rahmen für eine spirituelle Lebensgemeinschaft abzugeben. Inmitten einer Großstadt, die mit einem wahren Trommelfeuer akustischer, optischer und kultureller Reize für übermäßige Ablenkung sorgt, ist es für manche äußerst schwierig oder gar unmöglich geworden, zu innerer Ruhe zu finden. Die ländliche spirituelle Kommune dagegen scheint für den Einzelnen die bestmögliche Voraussetzung zu bieten, den ganzen Lebensinhalt auf die spirituelle Zielsetzung auszurichten. Wonach die Weisen und Yogis aus früherer Zeit durch Strenge, Zölibat, klösterliches Leben und Einsiedelei strebten wird von den New Age Kommunen in neuartiger Weise zu erreichen versucht. Spiritualität und neue Dimensionen des Bewußtseins werden bewußt in den weltlichen Alltag integriert. Einsiedlerisches Höhlendasein wird vertauscht mit Farmarbeit, Handwerk und Familienleben. Das Streben ist nach wie vor dasselbe wie das der alten Mystiker – Ziel ist der neue Mensch, der die begrenzten und einengenden Schranken des Normalbewußtseins abwirft und zu seiner wirklichen Bestimmung findet. Was die spirituellen Kommunen zu verwirklichen suchen, ist mehr als die bloße Hoffnung auf eine friedvolle Idylle in kleinem Rahmen. Sie begreifen sich als Laboratorien, als Keimzellen von ganzheitlichen Gemeinschaften, die für die gesamte Menschheit beispielgebend und richtungsweisend werden könnten.

FINDHORN

Findhorn ist eine internationale spirituelle Gemeinschaft mit durchschnittlich 175 bis 200 Mitgliedern. Die im Nordosten Schottlands gelegene Kommune wurde bereits 1962 von Peter und Eileen Caddy und Dorothy Maclean gegründet.

Der Findhorn Garten

Im Laufe der sechziger Jahre erlangte Findhorn durch die Kommunikation mit Pflanzen und dem Naturreich weltweite Aufmerksamkeit. Ergebnis dieser Kooperation war ein blühender Garten, der zum großen Erstaunen von Besuchern und einschlägigen Fachleuten, auf völlig unfruchtbarem, sandigem Boden gedieh. Peter Caddy wußte angeblich kaum etwas von der Gärtnerei. Bevor er seinen Garten in den Dünen anzulegen begann, hatte er nie etwas selbst ausgesät oder gepflanzt gehabt. Doch entgegen allen Grundregeln des Gartenbaus gediehen Pflanzen von bisher nie dagewesenen Ausmaßen. Weder die ausschließlich angewandten biologischen Prinzipien, noch eine geniale Düngetechnik, waren für den Erfolg des Findhorn Gartens verantwortlich. Vielmehr entstand das gärtnerische Meisterwerk aus der Kommunikation und Zusammenarbeit mit devischen Weisheiten, Naturgeistern, Feen, Elfen und der Gottheit Pan.

Heute präsentiert sich der Garten in Findhorn eher wieder in normalen Dimensionen. Die ursprünglich 38 Pfund schweren Kohlköpfe wiegen wieder ihre üblichen 2 bis 3 Pfund. Und die Fingerhüte werden wieder 'nur' 1,20 m groß, statt der früher erreichten Höhe von 2,40 m. Gegenwärtig gibt es niemanden in Findhorn, der in der Lage ist, mit den Pflanzendevas und Naturgeistern zu kommunizieren. Der Garten ist wieder gewöhnlicher geworden. Trotz allem besticht er nach wie vor durch außerordentliche Schönheit an einem dafür recht ungewöhnlichen Ort.

Die Geburt eines Neuen Zeitalters

Im Sommer 1970 besuchte David Spangler, ein junger amerikanischer New Age Philosoph, die damals gerade zwei Dutzend Mitglieder zählende Gruppe. David Spangler blieb drei Jahre in Findhorn. Er beeinflußte durch regelmäßige Vortragsserien die weitere Richtung der schnell wachsenden Gemeinschaft wesentlich mit. In dieser Zeit stieg die Mitgliederzahl auf 170 an. Künstler kamen an, es entstanden eine Weberei, Töpferei, Kerzenzieherei, eine graphische Abteilung, sowie eine Theater- und Gesangsgruppe. In der ebenfalls eingerichteten Drukkerei gingen zwei Bestseller der frühen siebziger Jahre in Druck – David Spangler's 'New Age – Die Geburt eines Neuen Zeitalters' und 'Der Findhorn Garten', ein schön aufgemachtes Buch, das eine gelungene Einführung in die ersten Jahre der Findhorngeschichte liefert. Peter Tompkins kam nach Findhorn, um Informationen für sein ebenfalls zum Bestseller gewordenes Buch 'Das geheime Leben der Pflanzen' zu sammeln. Als schließlich die britische Fernsehgesellschaft BBC mehrmals über Findhorn berichtete, floß ein bis heute unaufhörlicher Besucherstrom in die abgelegene schottische Gemeinschaft.

Findhorn ist nach David Spangler eines der neuen Zentren, in denen sich ein 'planetarisches Bewußtsein' entwickeln wird, ein Bewußtsein, das über kulturellen, geographischen und politischen Denksystemen steht. Findhorns Rolle ist es, zu zeigen, daß das Projekt mehr als eine bloße gute Idee in sich trägt. In Findhorn und anderen ähnlichen Zentren kommen, wie Spangler sich ausdrückt, 'Energien einer völlig neuen Art' zum Vorschein, welche die Kraft in sich tragen, ein völlig Neues Zeitalter einzuleiten.

Die Bezeichnung 'Neues Zeitalter' beruht auf astronomischen Grundlagen, die sich aus der Planetenbewegung der Erde ergeben. Die Sonne überschreitet auf ihrer jährlichen Bahn zweimal den Himmelsäquator, bei Frühlingsbeginn und bei Herbstanfang. Der 21. März ist jener Tag, an dem der Tagbogen der Sonne gleich dem Nachtbogen am Himmelsgewölbe und jeder Bogen gleich einem Halbkreis ist. Die Sonne geht an diesem Tag genau im Osten auf und ebenso genau im Westen unter. Der Tag hat zwölf Stunden wie die Nacht auch. Dasselbe gilt auch für den 23. September. Nun tritt der astronomische Frühlingsbeginn (=Äquatorüberschreitung) jedes Jahr um rund 20 Minuten früher ein. Im Raummaß ausgedrückt läuft der Frühlingspunkt also jährlich um 50,26 Bogensekunden rückwärts, in ungefähr 72 Jahren um ein Grad und in 2160 Jahren um 30 Grad oder um ein Zwölftel des ganzen Tierkreises. In zwölf mal 2160 Jahren (= 25 920) durchwandert er somit den ganzen Tierkreis. Gegenwärtig verläßt der Frühlings-Äquinoktialpunkt die Konstellation Fische und betritt die Konstellation Aquarius. Wir treten in das Wassermannzeitalter ein.

Die Bewegung der Äquinoktien beruht also auf tatsächlichen Himmelsbewegungen und Veränderungen in der Beziehung der Erde zu ihrer galaktischen Umgebung. New Age Philosophen wie David Spangler oder auch Theodore Roszak folgern daraus, daß dadurch die Erde und ihre Lebensströme anderen Energien aus dem Kosmos ausgesetzt werden. "Der Eintritt in einen neuen Bogen auf der Ekliptik bedeutet vielleicht eine tiefgreifendere Wandlung als nur die, daß die Tagundnachtgleiche sich nun in einer anderen Himmelsrichtung bewegt. Jede Position auf der Ekliptik, jeder Bogen des Zodiak, setzt die Erde möglicherweise subtilen Energien aus mit bestimmten neuen Zügen, die auf das Leben und seine Evolution auf diesem Planeten einen Einfluß ausüben" (Spangler, New Age – Die Geburt eines Neuen Zeitalters).

Universität des Lichtes

Findhorn demonstriert im alltäglichen Zusammenleben und -arbeiten bereits das Vorhandensein eines neuen Bewußtseins. Während der siebziger Jahre entwickelte sich Findhorn zum größten spirituellen Zentrum Europas. Dabei verstand es die Gemeinschaft, sich von allen religiösen Dogmen und Glaubensrichtungen frei zu machen. Findhorn basiert auf der Voraussetzung daß die Menschheit an der Schwelle zu einer evolutionären Erweiterung des Bewußtseins steht. Findhorn versteht sich als einen Platz, diesen sozialen und kulturellen Wandel zu fördern und weiter zu tragen. Zum einen versucht die Gemeinschaft selbst als pädagogisches Modell, die Ideen des Neuen Zeitalters praktisch umzusetzen. Zum anderen ist Findhorn als 'Universität des Lichtes', als ein Trainingszentrum gedacht, in dem möglichst vielen Menschen die Gelegenheit geboten werden soll, mit den Idealen und Zielen einer Neuen Kultur vertraut zu werden, um so dazu beizutragen, dieses neue Bewußtsein in alle Teile unseres Planeten zu tragen. Der Grundstein der pädagogischen Philosophie Findhorns, liegt in der Überzeugung, daß sich wirkliche Spiritualität weniger daran mißt, an was wir glauben. Vielmehr äußert sie sich darin, wie wir durch Fähigkeiten und Kreativität beispielgebend für den Lauf unseres Lebens und unserer Arbeit verantwortlich werden. Mit seiner harmonischen Struktur stellt Findhorn die Rahmenbedingungen bereit, in welchen spirituelles Wachstum gefördert werden kann. So wird allein das Leben in Findhorn zu einem wesentlichen pädagogischen Aspekt. Findhorn ist ein lebendes Laboratorium, in dem in zahlreichen Seminaren, Diskussionen, workshops und praktischer Arbeit der neue Lebensstil eingeübt werden kann.

Schon frühzeitig begann Findhorn, den rapide anwachsenden Besucherstrom zu kanalisieren. Fast zwei Drittel aller Einkommen erzielt Findhorn aus den vielfältigen Besuchsprogrammen, die somit das finanzielle Rückrat der Gemeinschaft bilden. 'Experience Week', eine Erfahrungswoche, macht mit dem Alltagsleben in Findhorn, dessen Geschichte und Zukunftsperspektiven ebenso wie mit den spirituellen Prinzipien der Gemeinschaft bekannt. Die Erfahrungswoche ist zur Hälfte mit Aktivitäten innerhalb der Besuchergruppe angefüllt (Tanz, Spiele, Selbsterfahrung, Vorträge u.a.). Die andere Hälfte der Zeit wird, je nach Bedarf und Neigung, in den verschiedenen Arbeitssektoren zugebracht (Garten, Küche, Drukkerei, Werkstätten u.a.). Für Besucher, die der englischen Sprache nicht mächtig sind, werden seit 1981 Erfahrungswochen in französich und auch deutscher Sprache durchgeführt.

Aufbauend auf der Erfahrungswoche ist 'Essence of Findhorn' ein weiterer vielbelegter workshop. 'Essence of Findhorn' ist für solche Besucher gedacht, die bereit sind, zwei bis drei Monate in Findhorn zu leben, um dadurch einen umso tieferen Einblick in das Gemeinschaftsleben zu erhalten. Darüber hinaus werden zahlreiche themenzentrierte workshops zu allen möglichen Bereichen der New Age Kultur angeboten.

Ein 1975 von Findhorn erworbenes ehemaliges Hotel mit Namen Clunny Hill dient heute in erster Linie als Gästehaus. Clunny Hill ist ein Gebäude mit riesigen Ausmaßen, es hat nahezu hundert Schlafräume, mehrere Großküchen und seit kurzem auch eine Sauna. In Clunny Hill werden während der Sommermonate jede Woche an die 90 Besucher erwartet, die an den Einführungsprogrammen teilnehmen. Jährlich kommen mehrere tausend Menschen nach Findhorn.

1978 übernahm Findhorn ein weiteres altes Landhaus mit zweieinhalb Hektar angrenzendem Gartenland. Cullerne trägt seither mehr und mehr dazu bei, die Gemeinschaft mit frischem Gemüse zu versorgen. In dem kürzlich fertiggestellten 80 m langen Gewächshaus werden Gurken, Bohnen und Mais gezogen. Im Freiland wachsen Kartoffeln, Salate und rund 20 andere Gemüsesorten. In Cullerne entstand unter der Leitung eines erfahrenen Teams auch eine Gartenschule, die interessierten Schülern in dreimonatigen oder ganzjährigen Kursen die Ausbildung zum Gärtner anbietet. Dem Schüler soll ein tiefes Verständnis aller Aspekte der Gartenarbeit eröffnet werden.

Vom Wohnwagenpark zum planetarischen Dorf

Findhorns Geschichte beginnt in einem alten Caravan auf einem gemieteten Abstellplatz. Im Laufe der Jahre entstand daraus ein Wohnwagenpark mit rund 40 Wagen. Ein üppig gedeihender Garten war sichtbares Zeichen der ersten, arbeitsintensiven Phase der wachsenden Gemeinschaft. Dazwischen gesellten sich bald die ersten festen Behausungen, kleine einfache, flache Bungalows. Und während der letzten Jahre kaufte sich die Gruppe in der näheren Umgebung mehrere alte Landhäuser hinzu. Mittlerweile bietet Findhorn knapp 200 Menschen ein Zuhause. Während der ersten 20 Jahre von Finhorn verlagerte sich der Schwerpunkt der Aktivitäten vom Gartenbau allmählich zu einem Schulungs- und Ausbildungszentrum des Neuen Zeitalters mit einer Vielzahl von spirituellen, künstlerischen, handwerklichen und therapeutischen Aktivitäten. Für Findhorn scheint ein erster Entwicklungsschritt abgeschlossen zu sein. Auf die Frage 'Was kommt als nächstes?' hat sich Findhorn den Aufbau eines 'planetarischen Dorfes' vorgenommen. Im Einklang mit den Rhythmen der Natur soll ein internationales Dorf entstehen, in dem alle Aspekte der New Age Kultur verwirklicht werden können – Ökologie, Land- und Gartenbau, Erziehung, Kunst, persönliches Wachstum, Selbstverwaltung, Handwerk, Technik ebenso wie ein einfacher, naturgemäßer Lebensstil. Die tiefe Einsicht in die ökologischen Zusammenhänge zwischen Mensch und Natur kommt in folgendem Zitat aus dem 'Findhorn Garten' zum Ausdruck: "Da wir immer stärker die Notwendigkeit erkennen, das Umweltgleichgewicht auf unserem

Planeten wiederherzustellen, sind wir dazu aufgerufen, ein entsprechendes Gleichgewicht in unserer Innenwelt zu schaffen. Die physischen Körper, die Gefühle, der Intellekt und der Geist bemühen sich alle, zur Harmonie und Ganzheit unseres Wesens beizutragen. Wer einen Bereich zugunsten eines anderen verleugnet, stört das Gleichgewicht. Um die Erde zu heilen, die unser größerer Körper ist, müssen wir innen wie außen ein ökologisches Gleichgewicht schaffen. Wir tun das, indem wir anerkennen, daß gegenseitige Beziehungen die Grundlage des Lebens sind".

Schon seit einigen Jahren versucht Findhorn mehr ökologisch orientiert zu leben und hat auch bereits die ersten Schritte in diese Richtung getan. Die von Findhorn betriebene Firma 'Weatherwise Homes' sorgte in den letzten Jahren für eine gründliche Wärmeisolation in allen Wohnwagen, Bungalows und Häusern. Ein erster Grundsatz von 'Weatherwise Homes' ist es, die bereits produzierte Energie zu bewahren. So wurden alle Wände, Dächer und Fenster besser isoliert. Wärmeregler und Thermostate sorgen für eine effizientere Ausnutzung der produzierten Wärme. Die meisten Wohneinheiten haben zudem ihre Heizung von Öl und Kohle auf Holzfeuerung umgestellt. Parallel dazu läuft ein Aufforstungsprogramm, um dem Mehrbedarf an Holz Rechnung zu tragen. In dem Gemeinschaftszentrum wird heißes Wasser mit Hilfe von Sonnenenergie aufbereitet. Selbst in dem so kühlen und sonnenarmen Schottland produziert die Sonne hierfür genügend Energie. In mehreren passiv sonnenbeheizten Gewächshäusern werden erfolgreich Setzlinge, Gemüse und Kräuter hochgezogen. Das Recycling von Metall, Glas, Papier, Holzasche und wiederverwendbarem Baumaterial ist in Findhorn bereits relativ weit fortgeschritten. Die Druckerzeugnisse des Verlages sollen in absehbarer Zeit auf 100%iges Umweltschutzpapier umgestellt werden.

Die konsequente Anwendung von ökologischen Prinzipien blieb bisher allerdings aus. Zur Zeit werden Überlegungen angestellt, ein Modell für ein planetarisches Dorf auszuarbeiten. Darunter wird eine Siedlung verstanden, in der die tatsächlichen Bedürfnisse des Menschen, ökologische Faktoren und das Leben als ganzheitlicher Teil des Kosmos begriffen werden.

Ein Indiz für das wachsende ökologische Problembewußtsein von Findhorn zeigt auch die angestrebte Zusammenarbeit mit ähnlichen ökologisch orientierten Dorfprojekten. ATEC (Appropriate Technology Exchange between Communities) wurde mit dem Ziel gegründet, den Austausch technologischer und ökologischer Erfahrungen zwischen den Kommunen Findhorn, Arcosanti und Auroville zu fördern. Architektonische Probleme, sowie die Erforschung, Entwicklung und Anwendung von Projekten mit Sonnenenergie, Biogas und Gewächshäusern stehen dabei im Vordergrund. Trotz unterschiedlicher geographischer, klimatischer und kultureller Bedingungen versuchen die drei Gemeinschaften untereinander einen Informationsfluß in Gang zu bringen, etwa nach der Devise: im Denken global, im Handeln lokal.

Die neueste Nachricht aus Findhorn bezieht sich auf die Eigentumsverhältnisse des Wohnwagenparks. Seit der Gründung im Jahre 1963 war der Platz lediglich gepachtet. Seit dem November 1983 ist die Findhorn-Gemeinschaft der rechtmäßige Eigentümer. Der ehemalige Besitzer verkaufte das Gelände für 361 000 Pfund, also etwa anderthalb Millionen DM an die Community. Durch den Erwerb des Wohnwagenparks sind Findhorns Pläne vom Aufbau eines planetarischen Dorfes ein gutes Stück Wirklichkeit geworden.

Findhorn-Gruppenbild während der Internationalen Konferenz im Oktober 1982

ERRAID

Erraid, eine kleine Insel, gehört zur Gruppe der Hebriden, die der Westküste Schottlands vorgelagert sind. Die Insel ist im Besitz zweier holländischer Familien, die 1978 der Findhorn Foundation deren Verwaltung übertragen haben. Seit 1952, als die Leuchtturmwärter mit ihren Familien Erraid verließen, blieb die Insel unbewohnt. Findhorn machte es sich zur Aufgabe, die verwaiste Insel wieder zu neuem Leben zu erwecken. Gegenwärtig leben auf Erraid 10 Erwachsene und 5 Kinder. In den ersten drei Jahren waren sie vornehmlich damit beschäftigt, die halbverfallenen Häuser wieder bewohnbar zu machen. Sie verlegten Wasserleitungen, installierten Bäder, Duschen und Toiletten und versahen die Räume mit holzgefeuerten Öfen. Vor den Häusern entstanden Gärten, in denen Kartoffeln und anderes Gemüse angepflanzt wird. Hühner, Ziegen, Gänse und eine Kuh wurden auf die Insel gebracht und versorgen die kleine Kommune mit Eiern, Milch, Käse und Joghurt. Eine kleine Schafherde liefert reichlich Wolle, die an Ort und Stelle gesponnen, gewebt, gefärbt und verstrickt wird. In reparierten alten Fischkuttern gehen die Leute von Erraid auf Fischfang. Der gefangene Fisch wird selbst geräuchert. Das Meer, der Garten und die Tiere versorgen die Gemeinschaft also fast mit allem Lebensnotwendigem. Mittlerweile werden Überschüsse aus Garten und Fischfang bereits nach außen verkauft. Darüber hinaus trägt der Vertrieb selbstgemachter Kerzen und Wollsachen sowie die Einnahmen von Besuchern zum Lebensunterhalt bei, so daß bereits nach 3 Jahren Erraid finanziell von der Schwestergemeinschaft Findhorn unabhängig ist.

AUROVILLE

Ankunft in Pondicherry. Es ist Februar. Die Sonne steht am wolkenlosen Himmel und verbreitet eine flimmernde Hitze. Das Thermometer zeigt 35° C im Schatten. Auf den geradlinigen Straßen des von der französischen Architektur geprägten Städtchens herrscht ein hektisches Treiben. Mein erster Weg führt mich zum Sri Aurobindo Ashram. Das blumengeschmückte, marmorne Grabmal von Sri Aurobindo und der Mutter gleicht einer Oase der Stille. Seite an Seite ruhen hier die geistigen Führer, denen der Ashram und das benachbarte Auroville ihren spirituellen Hintergrund verdanken. Seit den Ableben der Mutter im Jahre 1973 scheint der Ashram jedoch seinem langsamen Verfall entgegen zu gehen. Bürokratie, Personenkult und erste Ansätze von Dogmatismus prägen das heutige Bild.

Ich miete ein Fahrrad und mache mich entlang der Küstenstraße auf den Weg ins sechs Kilometer entfernt gelegene Auroville. Die schattenspendende Allee von Kokospalmen sowie die angenehm erfrischende Meeresbrise lassen für einen kurzen Moment die tropische Hitze vergessen. Beinahe übersehe ich den vor einem kleinen Teehäuschen unscheinbar plazierten Wegweiser. Ich biege nach links in einen vom Monsunregen zerfurchten Feldweg ein. Der feine rötliche Sand macht es schwierig mit dem Rad dem nunmehr leicht ansteigenden Weg zu folgen. Vorbei an Last School kommt mit Aspiration die erste Siedlung Aurovilles in Sicht. Das benachbarte Handwerkszentrum Fraternity ist von einer geschäftigen Atmosphäre eingehüllt. Gleich hinter Fraternity schließt sich Kuilyapalayam an, eines der fünf inmitten des Aurovillegebietes liegenden Tamildörfer. Unter einem riesigen Banjanbaum tummeln sich halbnackte, schreiende Kinderscharen. Am neu erschlossenen Dorfbrunnen ist eine in leuchtend bunte Saris gehüllte Gruppe Tamilmädchen dabei, ihre großen irdenen Tonkrüge mit Wasser aufzufüllen.

Durch die Baumkronen von Palmyrabäumen hindurch ist nun bereits der kugelförmige Rohbau des Matrimandir erkennbar. Verglichen mit der einfachen, idyllisch wirkenden Keetdacharchitektur der einheimischen Dörfer nimmt sich der Bau des zukünftigen Meditationszentrums geradezu gigantisch aus. Nur schwerlich fügt sich das Matrimandir in die südindische Landschaft ein. Für die Bedürfnisse der heutigen Aurovillianer ist es sicherlich eine Nummer zu groß konzipiert. Dessen ungeachtet wirkt es bereits auch in seinem unfertigen Zustand faszinierend.

Seit meinem letzten Aufenthalt vor drei Jahren ist die ehemals steppenhafte Landschaft merklich grüner geworden. Zu beiden Seiten des Weges sind neue bereits blühende Siedlungen entstanden. Schnell wachsende Casshurinabäume sind schon an die zehn Meter hoch und lassen die ersten Zeichen eines zukünftigen Waldgürtels erahnen.

Doch auch die politische Landschaft von Auroville hat sich in den letzten Jahren zugespitzt. Die Fronten zwischen rivalisierenden Gruppen sind mittlerweile unüberbrückbar geworden. War es während der Zeit meines ersten Besuches im Jahre 1979 immerhin noch möglich, miteinander über die verschiedenen Standpunkte zu diskutieren, so ist heute jeglicher Dialog abgebrochen. Auroville ist nunmehr in zwei Gruppen gespalten. Die mit der Sri Aurobindo Society in Pondicherry sympathisierenden Siedlungen werden von der überwiegenden Mehrheit der Aurovillianer nicht mehr als Teil von Auroville betrachtet. Die beispielsweise vorwiegend deutsche Siedlung 'Hope', in der ich 1979 für drei Monate ein zu Hause gefunden hatte, ist ebenso wie Auroson's Home nicht mehr im neuen Stadtplan eingezeichnet. Für Nichteingeweihte ist die politische Lage, wo nun Recht und Unrecht zu suchen ist, undurchschaubar geworden. Sollten sich die Strukturen weiterhin verhärten, so muß der Modellversuch Auroville zweifelsohne als gescheitert angesehen werden. Trotz alledem, auch ein Auroville, wie es sich heute präsentiert, birgt noch einen Keim von Hoffnung in sich.

Die aktuellen politischen Auseinandersetzungen um das Projekt

180 Kilometer südlich von Madras, nahe der ehemals französischen Enklave Pondicherry, entsteht seit 1968 ein nach den Ideen des indischen Philosophen und Dichters Sri Aurobindo und der Französin Mira Alfassa (die Mutter) ausgerichtetes Stadtprojekt. Auroville wurde durch Resolutionen der UNESCO als Initiative für den Aufbau einer Stadt des Zukunftsmenschen unterstützt und mit der materiellen Hilfe der indischen Regierung in die Wege geleitet. Das Projekt sollte in der Organisation des menschlichen Zusammenlebens als wegweisender Modellversuch völlig neuartige Wege beschreiten. Aller Besitz sollte zum Wohle und zum Nutzen aller gemeinsam gebraucht und verwaltet werden. Kein privates Eigentum, kein interner Geldaustausch unter den Einwohnern und so wenig Regeln und Vorschriften wie möglich steckten den äußeren Rahmen des Stadtprojektes ab. Bereits bei der Planung Aurovilles lag es auf der Hand, daß ohne die Zustimmung, aktive Unterstützung und Kooperation der umgebenden Nation kein selbstständiges, frei von politischen, sozialen und ökonomischen Strukturen, internationales Gebilde entstehen kann. Auroville war von vornherein in den rechtlichen und politischen Rahmen der indischen Gesetzgebung eingebettet, in der Verordnungen über Landbesitz, steuerliche Abgaben, Visa- und Paßvorschriften ihren festen Platz hatten. Die im 6 km entfernt gelegenen Pondicherry ansässige Sri Aurobindo Society (SAS) wurde mit der treuhänderischen Verwaltung des Projektes beauftragt, in deren Namen auch die Landkäufe für Auroville getätigt wurden.

Modell eines Backsteingewölbe-Hauses für Dana/Auroville

Der traditionellen Bauform nachempfundene Häuser in Aspiration/Auroville

Im November 1980 entzog nun die indische Regierung der SAS die Eigentumsansprüche und Verwaltungsbefugnisse über Auroville. Die indische Regierung sah sich zu diesem Schritt genötigt, nachdem sich in den vergangenen Jahren zum wiederholten Male schwere Auseinandersetzungen zwischen der SAS und Aurovillianern abgespielt hatten. Die Regierung übernahm vorerst für einen Zeitraum von zwei Jahren die Interessen von Auroville selbst in die Hand. Untersuchungen brachten zutage, daß die SAS mit den für Auroville zur Verfügung gestellten staatlichen und privaten Geldern eine offenkundige Mißwirtschaft getrieben hatte. Bis zum Eingreifen der Regierung trat die SAS offiziell als Repräsentant von Auroville und als Eigentümer des Aurovillelandes auf. Schon bald nach der Gründung von Auroville, spätestens jedoch nach dem Ableben der Mutter im Jahre 1973, traten zwischen der SAS, die sich anmaßte, das Land zu verwalten, und jenen, die das Land tatsächlich bewohnten, offenkundige Differenzen auf. Die SAS hatte mehr und mehr den Kontakt zu dem, was in Auroville wirklich vorging verloren und entwickelte sich zunehmend zu einer entfremdeten Bürokratenclique. 1975 schließlich erklärte die SAS, daß sie alleine für Auroville zuständig sei, daß sie gar das Recht habe, alle Aspekte der Entwicklung von Auroville zu kontrollieren. Die SAS ging soweit zu behaupten, daß ihr Auroville gehöre, was im Widerspruch zu der Gründungsurkunde von Auroville steht, in der es heißt: "Auroville gehört niemandem im Besonderen". Der offene Bruch zwischen Aurovillianern und der SAS war somit lediglich eine Frage der Zeit. Immer wieder kam es zu Gewalttätigkeiten, die Verletzte forderten und selbst die Verhaftung einiger Aurovillianer durch die örtliche Polizei zur Folge hatten.

Als die Nachricht von der Regierungsübernahme Aurovilles durch die Presse ging, wurde es für viele Sympathisanten des Aurovilleprojektes zur bitteren Wahrheit, daß selbst die 'Stadt der Zukunftsmenschen' nicht von Intrigen und niederen Machenschaften verschont blieb.

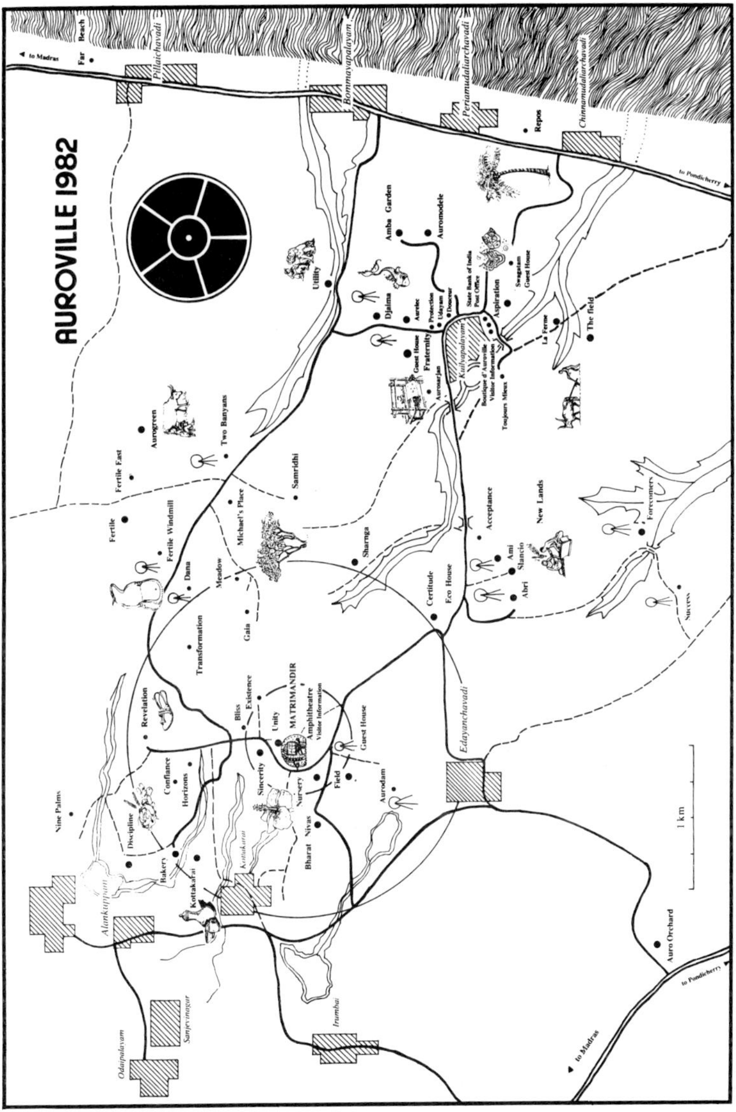
AUROVILLE 1982
to Madras
Far Beach
Pillaichavadi
Bommayapalayam
Periamudaliarchavadi
Chinnamudaliarchavadi
Repos
to Pondicherry
Amba Garden
Auromodele
Utility
Djaima
Aurelec
Protection
Udayam
Douceur
State Bank of India
Post Office
Aspiration
Swagatam
Guest House
Guest House
Fraternity
Aurosarjan
Kuilyapalayam
Boutique d'Auroville
Visitor Information
Toujours Mieux
La Ferme
The field
Aurogreen
Two Banyans
Fertile East
Samridhi
Fertile
Fertile Windmill
Michael's Place
Sharnga
Acceptance
New Lands
Forecomers
Dana
Meadow
Ami
Slancio
Abri
Certitude
Eco House
Success
Gaia
Transformation
Revelation
Bliss
Existence
Unity
MATRIMANDIR
Amphitheatre
Visitor Information
Guest House
Edayanchavadi
Nine Palms
Confiance
Horizons
Sincerity
Nursery
Field
Aurodam
Discipline
Bakery
Kottakarai
Bharat Nivas
Alankuppam
Kottakarai
1 km
Auro Orchard
to Pondicherry
Sanjeevinagar
Odaipalayam
Irumbai
to Madras

Die Aurovillianer selbst begrüßten den Schritt der indischen Behörden mit offener Dankbarkeit. Für sie eröffnet sich nun die Möglichkeit, das 1968 begonnene Projekt ohne die ständigen Behinderungen der SAS unter einem günstigeren Stern fortzusetzen.

Planung und Wirklichkeit

Der 1968 von einem Architektenteam ausgearbeitete Plan Aurovilles sah eine spiralförmige Stadtanlage vor, die sich über einen Durchmesser von zweieinhalb Kilometern in Sichtweite der Koromandelküste ausbreiten sollte. Mitten im Zentrum der zukünftigen Stadt sollte das Matrimandir entstehen, ein 30 m hoher Kugelbau, umgeben von symmetrisch angeordneten Gärten. Nach mehr als 10 Jahren Bauzeit ist der Rohbau des Matrimandir jetzt fertiggestellt. Es ist der einzige Bau, an dem kontinuierlich ohne Unterbrechung gearbeitet wurde. Andere Bauten wie Last School, Auromodel, Bharat Nivas zeigen Züge einer überhasteten Entwicklung. Architektonisch recht außergewöhnlich fügen sie sich nur schwerlich in die Landschaft und die umliegenden Tamildörfer ein. Ihrem vorgesehenen Zweck entfremdet oder als halb fertiggestellte Ruinen sind sie das Ergebnis eines Planerteams, welches noch nicht die wirklichen Bedürfnisse der zukünftigen Bewohner vorausahnen konnte.

50 000 Einwohner sollten die Stadt einmal bevölkern. Mag sein, daß es einmal soviel sein werden. 17 Jahre nach der Gründung haben sich etwas mehr als 600 Menschen aus allen Teilen der Erde in Auroville niedergelassen. Sie verteilen sich auf 40 kleinere und größere Siedlungen.

Auroville ist organisch gewachsen. Die ersten Siedler entschlossen sich zunächst einmal, mit dem Land selbst zu arbeiten. In zumeist der einheimischen Bauweise nachgeahmten mit Stroh bedeckten Lehmhütten begannen sie

damit, das karge, ausgetrocknete Land wieder urbar zu machen. Die bisherige Entwicklung der ersten 14 Jahre läßt sich vereinfacht in zwei Hauptströmungen darstellen. Einerseits konzentriert sich in und um Aspiration, der mit rund 85 Einwohnern weitaus größten Siedlung, eine wachsende Bevölkerungsdichte. Aspiration ist das pädagogische Zentrum von Auroville. Neben Kindergarten, Schule, Bibliothek, ambulanter Krankenversorgung und Sportanlagen sind hier auch eine Vielzahl von industriellen und handwerklichen Betrieben im Aufbau. Das benachbarte Fraternity ist eines der Handwerkszentren Aurovilles. Hier werden in einer großen Weberei von angestellten einheimischen Tamilen Wolldecken und Kleidung hergestellt. Die Schreinerei in Fraternity tischlert Möbel, leistet Vorarbeiten für den Hausbau und beschäftigt sich ebenso mit Schnitzkunst und der Herstellung von pädagogischem Kinderspielzeug.

Andererseits entstehen im Green Belt, in Aurovilles Gröngürtel, eine wachsende Zahl von kleinen landwirtschaftlich ausgerichteten Kommunen. Die Gründung einer neuen Kommune in Auroville ist immer noch ein bißchen von Pioniergeist umgeben. Neue Siedler suchen sich auf dem weitläufigen, teilweise unwegsamen Gelände ein Stück aurovilleeigenes Land aus. Zuerst wird der Platz an das Wegenetz angeschlossen. Als nächstes wird ein Brunnen gebohrt, so daß sofort mit der Aufforstung von jungen Bäumen begonnen werden kann. Die Häuser werden mit Hilfe anderer Aurovillianer errichtet. Nur die größeren Kommunen sind an das lokale Elektrizitätsnetz angeschlossen. Wohnen, Arbeiten und Leben verläuft unter den einfachsten Bedingungen. Ohne Kühlschrank und Klimaanlage in einer extrem heißen Klimazone auszukommen, ist für manche Menschen aus dem Westen ein teilweise harter Anpassungsprozeß. Es ist jedoch erstaunlich, wie einfach sich die Bedürfnisse wieder auf ein vernünftiges Maß reduzieren lassen, wie schnell unter völlig veränderten Umweltbedingungen von den eintrainierten westlichen konsumtiven Zwängen loszukommen ist.

Die dörfliche Selbstverwaltung

Im Laufe der Jahre hat die Form der internen Organisation sich bereits mehrmals fundamental verändert. Doch immer verstand sich Auroville als funktionierende Anarchie, anarchistisch im Sinne von ohne Führung und Herrschaft. Auf die Frage nach der anzustrebenden politischen Organisation antwortete die Mutter einmal: "Eine amüsante Definition drängt sich mir auf: eine göttliche Anarchie ... Die Menschheit muß sich ihres inneren Wesens bewußt werden und sich selbst spontan organisieren, ohne festgesetzte Regeln und Gesetze – das ist das Ideal". Organisation an sich wurde in Auroville nie verneint. Vielmehr war man sich von vornherein der zersetzenden Einflüsse künstlich geschaffener Autoritäten und Führerpersönlichkeiten bewußt. Die angestrebte Organisationsform sollte sich immer so weit wie möglich an den wirklichen Bedürfnissen aller Einwohner Aurovilles orientieren.

Die ersten entscheidenden Schritte sich selbst zu organisieren entstanden erst nach dem Bruch mit der SAS im Jahre 1975. Die von der SAS systematisch betriebene finanzielle Austrocknung zwang die Aurovillianer, sich in verstärktem Maße dem ökonomischen Überleben zuzuwenden. Einige handwerkliche und landwirtschaftliche Kommunen hatten sich bereits konsolidiert und warfen erste Überschüsse ab. Mit der Gründung von Pour Tous (franz. für alle) wurde der erste Versuch unternommen, den internen Geldverkehr abzuschaffen. Pour Tous übernahm die zentrale Lebensmittelversorgung. Es war Sammelstelle für alle eintreffenden Gelder und überschüssig produzierten Nahrungsmittel. Eventuell erzielte Verkaufserlöse wurden dazu benutzt, lebensnotwendige Güter wie Salz, Tee, Kerosin und Seife einzukaufen und alles nach den Bedürfnissen der einzelnen Kommunen zu verteilen.

Mit der Einführung der 'Envelopes' im Jahre 1978 wurde die bisherige Form der Verteilung erneut modifiziert.

Joans Baumhaus aus der Anfangszeit Aurovilles

Ein Treffen der Envelopes Gruppe

Die verschiedenen Kommunen und Arbeitsprojekte erhielten in sogenannten Envelopes ein festes Budget zugeteilt, daß den Mindestbedarf an finanziellen Mitteln abdecken sollte. Zu den wichtigsten Envelopes gehören die Lebensmittelcoop, Milchcoop, Landwirtschaft, technische Instandhaltung, Matrimandir, Dienstleistungen und Kinder. Der Gesamthaushalt Aurovilles setzt sich aus vier wesentlichen Quellen zusammen: aus individuellen Ersparnissen der Aurovillianer; aus über die ganze Welt verteilten Auroville-Organisationen, die durch den Verkauf von Aurovilleprodukten und durch Spenden das indische Projekt unterstützen; aus Forschungs- und Entwicklungsverbänden wie beispielsweise die Deutsche Welthungerhilfe; schließlich aus Aurovilles eigenen Arbeitsprojekten. Das Envelope-System erlaubt es den Wünschen der Geldgeber entsprechend, bestimmte Arbeitsbereiche in Auroville direkt und gezielt zu unterstützen. Wöchentlich werden die eintreffenden Gelder den entsprechenden Envelopes zugeteilt. Steht für ein Envelope der festgesetzte Mindestbetrag einmal nicht zur Verfügung so kann es durch vom Spender unspezifizierte finanzielle Mittel aufgefüllt werden. Einmal spezifizierte Gelder können nicht auf ein anderes Envelope übertragen werden. Dieses System der Geldverteilung erlaubt es, finanzielle Notwendigkeiten besser zu erkennen und sie entsprechend den jeweiligen Bedürfnissen aufzuteilen.

Die Envelopes regeln also den internen Geldverkehr Aurovilles. In den letzten Jahren haben andere wichtige Arbeitsgruppen ebenfalls ihre Arbeit aufgenommen. Im 'Artisana Trust' sind Aurovilles Handwersbetriebe zusammengeschlossen. Der 'Auroville Visa Service' sorgt für die ständige Erneuerung der Aufenthaltsgenehmigungen ausländischer Aurovillianer. Der 'Auroville Land Service' befaßt sich mit Flächennutzung und unterhält Kontakte zu örtlichen Land- und Forstwirtschaftsämtern. Der 'Auroville Information Service' koordiniert den Informationsfluß mit der Außenwelt und regelt Besuchsangelegenheiten. Die 'Auroville Township Development

Group' versucht die Aufmerksamkeit wieder mehr auf die Entwicklung zu einer Stadt zu lenken. Die 'Auroville Cooperative' schließlich ist der offizielle Vertreter Aurovilles nach außen. Sie koordiniert zugleich die Aktivitäten der verschiedenen Arbeitsgruppen. Darüber hinaus stehen wöchentliche meetings allen Aurovillianern offen. Die meetings dienen als Diskussionsforum für individuelle Probleme, und für Fragen, die die einzelnen Kommunen oder auch die Gemeinschaftals Ganzes betreffen.

Der Aurovillianer verdient kein Geld, seine Arbeit wird nicht bezahlt. Ausgenommen sind allerdings die für Lohn arbeitenden Einheimischen aus den umliegenden Tamildörfern. Mittlerweile beschäftigt Auroville an die 500 Tamilen, fast ebenso viel wie es Aurovillianer selbst gibt. Die Zuhilfenahme von bezahlten einheimischen Arbeitskräften stellt sich als ein äußerst vielschichtiges Problem dar. Einerseits werden durch Lohnarbeit für die einheimische Bevölkerung Arbeitsplätze geschaffen. Auroville avancierte mittlerweile zu einem gewichtigen beschäftigungspolitischen Faktor der Region. Zudem ist das Medium der Arbeit eine erste Möglichkeit, die beiden völlig unterschiedlichen Kulturkreise einander näher zu bringen – eine Begegnung zwischen Ost und West einzuleiten. Neben der kulturellen Annäherung werden wertvolle Erfahrungen im Haus- und Landbau ausgetauscht. Alles in allem wird ein erster Versuch gemacht die einheimische Landbevölkerung mit dem Projekt bekannt zu machen. Andererseits werden die aus dem Westen kommenden Siedler in die Rolle von neuen Kolonialherren gedrängt, denen von Außenstehenden immer wieder die Ausbeutung indischer Arbeitskräfte für ihre eigenen Zwecke vorgeworfen wird. Das Problem kann hier nur angedeutet werden, dessen Lösung wird sich auch längerfristig äußerst schwierig gestalten.

Ökologie und Landwirtschaft

Jeder landwirtschaftliche Versuch in Südindien wird von zwei beherrschenden Faktoren bestimmt: dem tropischen Klima sowie der Bodenbeschaffenheit. Die konstant hohen Temperaturen laugten den Boden aus und verhinderten die Bildung von Humus. Das Fehlen einer winterlichen Ruheperiode, fortgeschrittene Bodenerosion, die zersetzende Kraft von Termiten und anderen Schädlingen sowie der zerstörenden Eingriffe des Menschen selbst ließen den Boden für die Landwirtschaft fast nutzlos werden. Als die ersten Siedler in Auroville anfingen, das Land zu bearbeiten, konnten sie auf keine Leitlinien oder Erfahrungen der einheimischen Tamilen zurückgreifen. Die einheimischen Bauern sind lediglich darauf bedacht mit dem kleinstmöglichen Einsatz den größtmöglichen Ertrag zu erzielen. Ökologische Aspekte im Umgang mit dem Land wurden dabei sträflich vernachlässigt. Intensive chemische Düngung sowie der Gebrauch von Herbiziden und Pestiziden ist weit verbreitet. Untersuchungen ergaben, daß der durchschnittliche Inder die höchsten Rückstände von DDT in seinem Körper beherbergt. Biologische Landwirtschaft ist in Indien so gut wie unbekannt. Die ständige Bedrohung durch Hunger und Naturkatastrophen erlaubte bisher keine anderen Formen des Wirtschaftens, als die aus dem Westen importierte Hoffnung mit Chemie und Spritzgiften.

Obwohl das tropische Klima das Wachstum von Unkraut und die Ausbreitung von Schädlingen aller Art wie Insekten, Termiten, Pilzen, Mikroben und Parasiten geradezu begünstigt, versuchen die Aurovillianer ausschließlich organische Methoden anzuwenden. Natürliche Düngung mit Kompost, Mulchen und Fruchtwechselfolge trugen in den letzten Jahren wesentlich dazu bei, den Boden zu verbessern. In der Schädlingsbekämpfung zeigten Versuche mit Knoblauch, rohem Tabak und anderen pflanzlichen Stoffen zwar durchaus positive Wirkungen, ein durchschlagender Erfolg konnte bisher nicht erzielt wer-

den. Bevor das Land genutzt werden kann, muß der Boden systematisch wieder aufgebaut werden. Aurovilles landwirtschaftliche Kommunen arbeiten daher vor allem auch an der Wiederaufforstung, der Anlage von schützenden Hecken und Windbrechern und der Erschließung neuer Wasserquellen. Eines der bedeutendsten Probleme Aurovilles ist die Bewässerung. 80 % des Regens im Aurovillegebiet fallen in den Monaten Oktober bis Dezember, mindestens sechs Monate im Jahr sind völlig trocken. Zur Wasserversorgung bedarf es mehr, als nur neue Brunnen zu bohren, durch die der Grundwasserspiegel bald erschöpft sein würde. Doch die direkte Nutzung des sintflutartigen Monsunregens sowie die Anlage von Reservoirs und ausgeklügelten Bewässerungssystemen stehen erst am Anfang.

Wasserversorgung in Auroville kann nicht von der Frage der dazu benötigten Energie getrennt werden. Es bedarf ökologisch sparsamer Methoden, das Wasser an die Oberfläche zu bringen. Die Anwendung von elektrischen und mit Diesel betriebenen Pumpen ist zwar weit verbreitet. Doch gehen immer mehr Kommunen dazu über, die natürliche Kraft des Windes zur Wasserförderung zu nutzen. Gegenwärtig sind in Auroville bereits elf Windmühlen in Betrieb, vier weitere sind im Bau.

Eine der ökologisch fortgeschrittensten Siedlungen Aurovilles ist Djaima. Obwohl Djaima erst im Frühjahr 1978 entstanden ist, sind heute bereits eine ganze Reihe Prototypen alternativer Technologie im Einsatz. Die in Auroville selbst entwickelte und immer mehr ausgereifte Windmühle bewässert den überaus ertragreichen Gemüsegarten. Eine im Tank gezüchtete Algenkultur wirkte sich als Düngung auf das Pflanzenwachstum äußerst positiv aus. Eine Versuchsbiogasanlage, die mit Kuhmist gespeist wird, liefert den ersten Strom. Eine größere Biogasanlage soll in absehbarer Zeit den ganzen Bedarf an Elektrizität abdecken und zudem den notwendigen Brennstoff für den Küchenofen abgeben. Ebenfalls in Vorbereitung ist ein mit Sonnenkollektoren ausgerüstetes 'Solar Laboratorium', das einmal heißes Wasser für die Küche und die Energie für den Kühlschrank liefern soll. Erste Versuche in der Fischzucht sollen in Zukunft Auroville mit frischem Karpfen versorgen.

Zur Zeit betreiben im Grüngürtel ein gutes Dutzend verschiedener Kommunen landwirtschaftlichen Anbau. Ungefähr ein Drittel aller Einwohner Aurovilles widmen sich dem Anbau von Nahrungsmitteln. Mit Hilfe des jährlichen Monsunregens werden verschiedene Hirse- und Linsensorten, roter Reis und Erdnüsse angebaut. Auf künstlich bewässerten Feldern wachsen weißer Reis, Gemüse und Hülsenfrüchte. Trotz erster Erfolge ist der Anbau von Getreide und Gemüse mit erheblichen Schwierigkeiten verbunden. Der Aufwand an Mühe und Arbeit rechtfertigt die bisherigen Ergebnisse nur in geringem Umfang. Biologische Landwirtschaft ist besonders arbeitsintensiv und bedarf in tropischen Regionen der ständigen Aufmerksamkeit. Noch leben in Auroville zu wenig Menschen, um der Aufgabe gerecht zu werden, noch bedarf es zu vieler einheimischer Arbeitskräfte, die erhebliche Lohnkosten verschlingen. Die ersten Schritte zur Selbstversorgung mit Nahrungsmitteln sind zumindest gemacht.

Vielversprechender scheint die allmähliche Umstellung der im Grüngürtel gelegenen Kommunen auf die Agrarforstwirtschaft zu sein. Die Verschmelzung von Land- und Forstwirtschaft bietet sich in Auroville geradezu an. In Aurogreen, der größten Farm in Auroville, wurden im Laufe der letzten Jahre bereits ausgedehnte Obstplantagen angelegt. Bananen, Ananas, Wassermelonen, Obstbäume mit Mangos, Papayas, Avocados, Guaven, Zitronen, Granat- und Zimtäpfeln bieten den ganzen Reichtum exotischer Früchte. Unter den Nußbäumen ist insbesondere die Cashewnuß über das ganze Aurovillegebiet verbreitet und gehört dank eines gesicherten Exportmarktes zu den einträglichsten Einnahmen. Zudem versorgen

Kokospalmen die Aurovillianer mit pflanzlichem Eiweiß und Öl. Sind die Obstbäume erst einmal zwei oder drei Jahre alt, so bedürfen sie kaum weiterer Pflege. Schnellwachsende Cashurinabäume werden vornehmlich zur Aufforstung eingepflanzt. Sie wirken der Erosion entgegen, liefern Bauholz und Futter für das Vieh und finden als Brennstoff in Form von Feuerholz Verwendung. Erste Pflanzungen mit Edelhölzern wie Teak, Mahagoni und Rosenholz sind ebenfalls erfolgsversprechend. Letztendlich tragen die Aufforstungsarbeiten entschieden dazu bei, den landwirtschaftlichen Wert der Region zu fördern und das Klima zu verbessern. Seit der Gründung Aurovilles wurden auf dem 800 Hektar großen Gelände mehr als 100.000 Bäume gepflanzt, die größtenteils in den eigenen Baumschulen hochgezogen wurden.

Von einigen Agrarexperten wird bereits heute vorausgesagt, daß tropische Regionen wie Südindien in absehbarer Zeit zu den landwirtschaftlich erfolgsversprechenden Landstrichen zählen werden. Ausreichender Niederschlag, Sonnenschein im Überfluß, eine längere Wachstumssaison sowie die Möglichkeit einer breiten Nutzung von Sonnen- und Windenergie könnte schon bald Südindien und andere tropische Länder zu wichtigen Produzenten von landwirtschaftlichen Erzeugnissen werden lassen. Aus dieser Perspektive gesehen erscheinen die Experimente in Auroville umso gewichtiger.

In dem ehemals wüstenhaften Gelände sind im letzten Jahrzehnt eine beträchtliche Zahl blühender Oasen entstanden, die trotz extremer Umweltbedingungen unübersehbare Erfolge vorweisen können. Der um den Stadtkern geplante Grüngürtel nimmt langsam Gestalt an. Doch Gemüseanbau und Wiederaufforstung sind nicht das eigentliche Ziel von Auroville, es sind quasi nützliche Beiprodukte einer ganz anderen Lebenseinstellung. Es bedarf gar einer gewissen Vorsicht, sich nicht ausschließlich in praktischen Dingen zu verlieren. Die zahlreichen Leute aus Europa und Amerika sind nicht nach Auroville gekommen um Tomaten hochzuziehen und Bäume zu pflanzen. Die äußere Arbeit ist in gewisser Weise zweitrangig. Es ist noch etwas anderes da, was die Menschen in Auroville zusammenhält.

Keine Religionen

Nimmt man Sri Aurobindos Hauptwerk 'Das göttliche Leben' zur Hand, so läßt vielleicht schon allein der Titel auf einen religiösen Inhalt schließen. Tatsächlich steht die Idee des Göttlichen im Mittelpunkt von Sri Aurobindos Philosophie, doch nicht etwa im Sinne einer neuen oder alten Religion. Sri Aurobindo geht davon aus, daß die Evolution auf der Erde mit der Entwicklung des heutigen Menschen nicht abgeschlossen ist. Angestrebt wird daher die Umwandlung des individuellen Bewußtseins zu einem neuen Menschenbild. Auroville ist als Experimentierfeld gedacht, die Entwicklung dieses neuen Menschen zu fördern. Es ist ein Platz, an dem ein fundamentaler Bewußtseinswandel stattfinden kann, ein Wandel der alle Bereiche des menschlichen Lebens umfaßt – sozial, politisch, ökonomisch, kulturell und ökologisch. Die Arbeit an diesem umfassenden gesellschaftlichen Wandel hat nichts mit gelben Roben, der Verehrung eines Gurus, der Befolgung von irgendwelchen exotischen Riten, Zeremonien oder auch einer vegetarischen Ernährungsweise zu tun. Als es darum ging einige bestimmende Richtlinien für Auroville festzulegen betonte die Mutter immer wieder: "Keine neue Religion, keine Dogmas, keine starren Lehren". Sri Aurobindo und die Mutter stellten lediglich einige Richtlinien bereit, wie dieser Wandel vor sich gehen könnte. Sie repräsentierten eine fortschrittliche Kraft für die Entwicklung von Auroville. Doch sie werden sicherlich von den wenigsten Aurovillianern als Gurus verehrt, noch betrachten sie sich als deren Schüler. Auroville ist ein Ort jenseits aller Religion. Das praktische Tun richtet sich auf einen sowohl inneren als auch äußerlichen Wandel. Auroville ist ein neuer Anfang. Es bietet die Möglichkeit zu einer radikal anderen Lebensform.

LAMA FOUNDATION IN NEW MEXICO

Der etwas mürrisch gelaunte Angestellte am Greyhound-Schalter in Santa Fe schreibt mit schwungvollen Zügen Lama Junction auf meine Busfahrkarte. Etwas verwundert nehme ich das Ticket entgegen. Sollte Lama Foundation schon so bekannt sein, daß selbst eine Haltestelle nach der Gemeinschaft benannt ist? Jedenfalls packe ich mein Bündel und lasse mich gleich rechts neben dem Fahrersitz nieder. Die Panoramascheibe erlaubt einen faszinierenden Ausblick auf die sich ständig wandelnde Landschaft New Mexicos. Noch haftet der rötliche Wüstenstaub aus dem Süden des Landes an meinen Kleidern. Doch überraschenderweise nimmt mit steigender Höhe die Vegetation zu bis schließlich gar das grüne, von etwas lichten Kiefernwäldern umrandete Tal des Rio Grande das Bild beherrscht. Oberhalb der Baumgrenze türmen sich die teilweise mehr als 4000 Meter hohen, kahlen Gipfel der Sangre de Christo Bergkette, die noch zu den südlichsten Ausläufern der Rocky Mountains gehören.

Lama Junction entpuppt sich schließlich als ein vom Highway abgehender Feldweg, benannt nach Lama, dem nächstgelegenen Berggipfel. Kein Dorf, kein Haus, geschweige denn ein Mensch ist weit und breit zu sehen. Ich gehe ein paar Schritte in den Feldweg hinein. Mein Blick wird von einer Hinweistafel angezogen: "Lama Foundation. 4 Miles. Visitors only Sunday!" Es ist Sonntag. Zudem bin ich für das dreiwöchige work camp angemeldet. Kein Grund also ein schlechtes Gewissen zu bekommen. Kaum habe ich die Reisetasche abgestellt kommt ein alter, klappriger Käfer den Feldweg heruntergebraust, der mich in ebenso zügigem Tempo den holprigen, kurvenreichen Weg nach Lama Foundation hinauf bringt.

Lama Foundation liegt am Hang eines Berges in knapp 3000 Meter Höhe und bietet einen phantastischen Blick über das Tal des Rio Grande hinweg auf die canyondurchzogenen Hochebenen, Mesas und Bergzüge New Mexicos. Eine üppige Vegetation breitet sich vor meinem Auge aus. Würzig duftende Kiefernwälder, Zedern und knorrige Eichen, dazwischen Salbeibüsche und Wacholder, bieten ein Stück reiner, unberührter Natur. Der Platz ist sorgfältig ausgesucht. Zwei ganze Sommer fuhr der New Yorker Gründer Stephen Durkey kreuz und quer durch Amerika, um nach einem geeigneten Grundstück Ausschau zu halten. Mit Hilfe eines anonymen Spenders konnte 1967 das knapp 50 Hektar große Gelände für 25.000 Dollar erworben werden. Zur selben Zeit entstand nur 9 Meilen weiter südlich mit New Buffalo eine der bekanntesten Kommunen New Mexicos. Bereits 1970 existierten in dem kargen südlichen Bundesstaat mindestens drei Dutzend ländlicher Kommunen. Das dünn besiedelte Bergland war damals noch relativ billig zu haben. Der Boden ist zwar nicht besonders fruchtbar, doch gelegentlicher Regen und winterliche Schneefälle bringen genug Wasser, um in geringem Umfang Garten-, Land- und Viehwirtschaft betreiben zu können.

Seit der Gründung im Frühjahr 1967 hat sich Lama ständig weiterentwickelt. Die Gruppe wuchs auf rund 30 feste Mitglieder an. Das Wegenetz wurde ausgebaut. Die witterungsunbeständigen Sommerunterkünfte wurden mehr und mehr in Winterquartiere umgewandelt. Mary Ann führt mich zu einem gerade in diesem Jahr fertiggestellten zweistöckigen Holzhaus, dessen oberstes Stockwerk als Schlafsaal für Besucher eingerichtet ist. Schaumstoffmatratzen sowie einige Petroleumlampen bilden das einzige Mobilar. Gleich neben dem Schlafsaal ist eine Art Studio untergebracht, in dem mit Hilfe des Seidensiebdruck-Verfahrens T-Shirts und Gebetsfahnen bedruckt werden. Im Erdgeschoß ist eine Töpferei eingerichtet. Beide Werkstätten tragen lediglich in geringem Umfang zum wirtschaftlichen Fortbestehen der Gemeinschaft bei. Direkt vor dem Haus liegt der Komposthaufen, dahinter beginnt sich der Garten auszubrei-

ten, der auf den ersten Blick durch seine wohlgeordnete Unordnung auffällt. Alles wächst ein bißchen durcheinander – Kräuter, Gemüse, Salat, Beeren, dazwischen Blumen, Sträucher und kleine Staudengewächse. Die Beete sind schön mit Feldsteinen eingefaßt. Auch ein kleines, halb in die Erde eingelassenes mit Plastikplane abgedecktes Gewächshaus ist zu sehen. Die darin gezogenen Tomaten sind noch recht grün und klein, doch, wie Mary Ann versichert, werden sie trotz der beträchtlichen Höhenlage noch voll ausreifen. Etwas oberhalb des Gartens steht ein kleines, dem chinesischen Pagodenstil nachgeahmtes, Holzhäuschen, das als Sauna dient. Gleich gegenüber davon ist eine Sonnendusche installiert. Wassergeplätscher zeigt an, daß sie gerade in Betrieb ist. Die Konstruktion ist mehr als einfach: auf dem Dach ist lediglich ein spiralförmig angelegter schwarzer Schlauch angebracht. Das darin gespeicherte Wasser wird spätestens von der Mittagsonne so aufgewärmt, daß eine recht behagliche Wassertemperatur zustande kommt.

Ein Glockenzeichen ruft zum Abendessen. Von einem kunstvoll geschnitzten Holzbalken baumeln hohle Metallkörper verschiedener Form und Größe herunter, die, von geübter Hand mit einem Hammer geschlagen, ein wohlklingendes Glockenspiel abgeben. Vor den gemeinsamen Mahlzeiten treffen sich alle im Dome, bilden einen Kreis, fassen sich über den Schultern an und stimmen ein kurzes Mantra oder Lied an. Es fällt leicht einzustimmen. In Lama ist es zur Regel geworden, vor jeder Mahlzeit kurz in sich hineinzugehen. Durch einen Spruch wird daran erinnert, woher das Essen kommt. Ein Dankgebet beschließt die kurze Zeremonie. Bis ich zu Lama kam, stand ich diesen in der spirituellen Scene doch manchmal etwas stark rituell eingefärbten Dingen recht skeptisch und ablehnend gegenüber. Gemeinsames Meditieren, Chanten, Singen oder Beten hielt ich schlicht für überflüssig. Wie ich in Lama erfahren habe, schaffen diese doch anscheinend rein äußerlichen Dinge unheimlich viel positive Energie. Sie helfen mit, ein starkes Gemein-

schaftsgefühl zu entwickeln, und können durchaus auf die spirituelle Ausrichtung der Lebensweise verstärkend wirken. Warum soll man vor der Nahrungsaufnahme sich nicht darauf besinnen, woher all die vielen Köstlichkeiten auf dem Eßtisch kommen? Und warum nicht Mutter Erde dafür dankbar sein?

Punkt sechs Uhr am nächsten Morgen ertönt wieder ein Glockenzeichen. Es ist Zeit zum Aufstehen. Während der Nacht hat es doch merklich abgekühlt. Das Gras ist feucht vom Morgentau. Es ist noch vor Sonnenaufgang. Auf der gegenüberliegenden Talseite sind die schattenhaften Umrisse einer halb von Wolken eingehüllten Bergkette erkennbar. Das Wasser aus der oberhalb am Hang gelegenen Quelle ist eiskalt. Die Morgenwäsche fällt daher recht kurz aus. Schon um 6 Uhr 30 finden sich jene, die den Tag meditierend beginnen möchten, in dem kleinen, runden aus Adobe geformten Kiva zur allmorgendlichen Meditation zusammen. 'Come in Peace' ist auf die winzige hölzerne Eingangstür geschrieben, die nur einen gebückten Eintritt zuläßt. Im fensterlosen Meditationsraum sind zwei kreisförmig angelegte Stufen angeordnet, auf denen sich die Leute verteilen. Sitzkissen liegen bereit. Eine Kerze spendet spärliches Licht. Ein kleines, helles Glöckchen läutet den Beginn der Meditation ein. Vollkommene äußere Ruhe.

Vor dem Frühstück bleibt noch etwas Zeit. Die ersten wärmenden Strahlen der Morgensonne lassen den eigenwillig geformten Dome in einem rötlichen Glanz erscheinen. Der große Dome ist das zentrale Gebäude der Gemeinschaft. Die Architektur entwickelte sich aus der Kombination der traditionellen indianischen Adobebauweise und der von Buckminster Fuller erfundenen geodetischen Domestruktur. Der runde, fast kuppelförmige Hauptraum wird von zwei unmittelbar angrenzenden Flachbauten erweitert. In den beiden Seitenflügeln sind die umfangreiche Bibliothek, die Meditationskiva und ein großzügig ausgestatteter Wasch- und Baderaum untergebracht. Die ganze Anlage ist völlig symmetrisch angelegt. Selbst kleine Detailarbeiten sind sorgfältig und mit Liebe ausgeführt. Die ungewöhnliche, aber trotz allem schlichte Ausführung des Baues hinterläßt beim Betrachter unweigerlich einen kühnen, beinahe imposanten Eindruck. Nicht zu Unrecht avancierte der Dome in Lama Foundation bald zu einem architektonischen Wahrzeichen der amerikanischen Gegenkultur. Die ebenso eigenwillige, oktagonalförmige Holz- und Glaskonstruktion des benachbarten Küchen- und Speisehauses gibt durch eine durchgehende Fensterfront den Blick in alle Himmelsrichtungen frei. Direkt über der Küche ist der Speiseraum untergebracht, der durch zwei außerhalb des Gebäudes liegende Treppenaufgänge erreichbar ist. Ebenfalls auf Sitzkissen werden die Mahlzeiten eingenommen. Auffallend ist die liebevolle Zubereitung und Anrichtung der rein vegetarischen Speisen – ein wohltuender Kontrast zur sonstigen amerikanischen Plastiknahrung und Burger King-Kultur.

Spirituelle Praxis

Lama Foundation ist ein Platz, an dem durch eine bewußte Lebensweise versucht wird, alle bestimmenden Lebensbereiche positiv zu verändern und weiter zu entwickeln. Der Weg hierzu wird in drei wesentlichen Prinzipien gesehen: in der Pflege intensiver persönlicher Kontakte, in spiritueller Übung und in Karma Yoga, dem Yoga der Arbeit. Jeden Morgen im Anschluß an das Frühstück findet eine kurze Arbeitsbesprechung statt, auf der die täglich anfallenden Arbeiten eingeteilt werden.

Karma Yoga, die Arbeit, ist in Lama ein bedeutendes Mittel der Identitätsfindung und Selbsterfüllung. Arbeit ist mehr als notwendiges Übel zur bloßen Existenzabsicherung. Die Leute in Lama identifizieren sich voll mit ihrer Arbeit. Es gibt daher auch keine beliebten oder unbeliebten Tätigkeiten, jede Arbeit wird als gleich-

Come in Peace

wertig angesehen, die sich als Teilstück zu einem Ganzen zusammenfügt. Die verschiedenen Arbeitsbereiche werden von Personen angeleitet, die entweder bereits auf dem betreffenden Gebiet über Erfahrung verfügen oder ein besonderes Interesse an einem bestimmten Arbeitsbereich haben. Ron ist der Techniker der Gruppe. Er wartet den Fuhrpark und weiß auch mit einer Baumsäge, einem Schweißgerät oder dem Stromgenerator umzugehen. Mary Ann hat den Garten unter sich. Marygold macht Öffentlichkeitsarbeit und organisiert die Sommerprogramme. Sazili hat kürzlich den print shop übernommen. Mikki, Yamil und Kim konzentrieren sich auf die Bautätigkeit. Besucher werden möglichst nach persönlichen Wünschen und Bedürfnissen in den Arbeitsalltag integriert.

An fünf Wochentagen werden täglich sieben Stunden gearbeitet. Arbeit ist Teil der spirituellen Praxis. Darüber hinaus ist eine feste Stunde des Tages für die persönliche Übung an sich selbst vorgesehen. Die Stunde vor der Mittagszeit soll dazu genutzt werden, die spirituelle Ausrichtung des Lebens noch bewußter zu machen. Wie diese Stunde angelegt wird, bleibt jedem Einzelnen selbst überlassen. Manche widmen sich dem Studium, andere der Meditation, Yoga, Aikido oder dem Bogenschießen.

Ich entschließe mich an der von Ruth angeleiteten Einführung in die Vipassana Meditation teilzunehmen. Ruth beginnt zuerst über die Sitzhaltung zu sprechen. Eine bestimmte Art des Sitzens sei nicht erforderlich, doch die lose übereinander gekreuzten Beine oder der halbe bzw. ganze Lotussitz ermöglichen es am Besten, für längere Zeit ruhig und bewegungslos zu sitzen. Ruth zeigt uns wie man in den Lotussitz kommt. Sie ist im siebten Monat schwanger und hat ihrerseits mittlerweile ebenfalls beträchtliche Schwierigkeiten mit dessen Ausführung. Ruth bedeutet uns, die Hände unterhalb des Bauches ineinander ruhen zu lassen und die Augen zu schließen. Um den ständig fließenden Strom der Gedanken bewußt zu machen, wird in der Vipassana Meditation als erstes Hilfsmittel der Atem beobachtet. Nicht daß versucht wird, sich einer bestimmten Atemweise zu bedienen oder dem Atem einen künstlichen Rhythmus aufzudrängen. Der Atem, so erläutert Ruth, sei lediglich ein Hilfsmittel, die fortwährend umherschweifenden Gedanken immer wieder auf einen Punkt zurückzubringen. Sobald die Gedanken abschweifen, werden sie auf den Atem zurückgebracht. Ein anderer hilfreicher Fingerzeig ist die Beobachtung des Körpers. Der kleine stechende Schmerz in der Rückengegend, Hitze, Kälte, verspürter Juckreiz auf der Nase oder ein eingeschlafenes Bein – die Konzentration auf all diese kleinen Sensationen des Körpers verhelfen dazu, bewußter im hier und jetzt zu sein. Diese Form der Beobachtung sollte keinesfalls auf bestimmte Meditationszeiten am Morgen oder Abend des Tages beschränkt sein. Die Achtsamkeit der Vipassana Meditation sollte vielmehr ständig angewandt werden – ob wir sitzen, stehen, reden oder essen. Alle Tätigkeiten des Tages bedürfen der ganzen Aufmerksamkeit. Ziel ist, immer im gegenwärtigen Augenblick zu leben, sich seiner Bewegungen, Gedanken, Gefühle und Handlungen voll bewußt zu sein, eben ganz im hier und jetzt zu verweilen. Das Problem liegt in der Durchführung. Denn mit das erste Ergebnis dieser Übungen wird sein, wie wir feststellen, daß unsere Gedanken meist Vergangenem oder Zukünftigem nachhängen.

Intensive Study Center

Ein weiteres architektonisch ausgesprochen gelungenes Gebäude in Lama ist das Intensive Study Center (ISC). Das ganze Mauerwerk ist aus erdfarbenem Adobe errichtet und verblüfft durch kunstvollen Formenreichtum. Für die Bewohner des ISC stehen 12 kleine, zellenartige, in einem Halbkreis angeordnete Wohnräume zur Verfügung. Die Arbeit am ISC wurde ursprünglich von Stephen Durkey begonnen. Es sollte insbesondere als ein Zentrum für sufistische und islamische Studien dienen.

Stephen ging jedoch mehr und mehr zum orthodoxen Islam über. Er wurde dabei immer dogmatischer, so daß schließlich eine Kluft zwischen ihm und den anderen Bewohnern von Lama entstand. Letztendlich verließ Stephen die Gemeinschaft und pilgerte konsequenterweise nach Mekka. Er kam mit arabischen Regierungsstellen in Kontakt, erhielt von dort finanzielle Unterstützung mit deren Hilfe er nach Amerika zurückkehrte, um nur wenige Meilen von Lama entfernt ein neues islamisches Zentrum aufzubauen.

Die islamische bzw. sufistische Tradition lebte auch nach dem Weggang von Stephen Durkey weiter. Innerhalb der spirituellen Vielfalt in Lama ist der Islam nach wie vor eine der stärksten Strömungen. In absehbarer Zeit wird selbst das äußerliche Erscheinungsbild des ISC einen orientalischen Einschlag erhalten. Ein über die zukünftige Gebetshalle sich wölbendes moscheenartiges Kuppeldach ist bereits im Bau. Gemäß der islamischen Tradition ruft auch in Lama der Muezzin fünf mal täglich zum Gebet, das erste mal gegen halb vier Uhr morgens. In intensiven Studienprogrammen wird der Koran selbst in der arabischen Originalfassung gelesen. Um Yamil, Abdul und Mikki ist ein fester Kern entstanden, der in der gemeinsamen islamischen Art und Weise zu leben einen noch stärkeren Zusammenhalt gefunden hat als die übrigen Bewohner in Lama.

Mikki ist gebürtiger Jude. Er kam ursprünglich nach Lama um an einem zweiwöchigen Kabala workshop teilzunehmen. Währenddessen entschloß sich Mikki in Lama zu bleiben. Mittlerweile lebt er seit vier Jahren dort. Eines Abends werde ich von ihm eingeladen, an dem einmal wöchentlich stattfindenden Zikar teilzunehmen. In einem kleinen mit Teppichen ausgelegten, vom Lichtschein einer Petroleumlampe erhellten Raum des ISC kommen nach getaner Arbeit ein gutes Dutzend Leute zusammen. Zikar ist eine Übung, welche die Verinnerlichung des Namen Gottes zum Ziele hat. Mittel dazu ist die fortwährende Wiederholung des islamischen Mantras 'La illaha illà allah' – es gibt keinen Gott außer Gott. Auf dem Boden kniend bilden wir einen engen Kreis. Schulter an Schulter zusammengedrängt geben wir einander die Hände. Yamil stimmt als erster das Mantra an. Er beugt dabei seinen Kopf und Oberkörper nach der rechten Seite, zurück zur Mitte und dann seinem linken Nachbarn zu. Alle stimmen ins Mantra ein und folgen den Bewegungen Yamils. Das Mantra wird immer lauter, stärker, die Bewegungen des Körpers immer schneller, beinahe hektisch. La illaha illà allah. Eine gute halbe Stunde hält der Chorus an und steigert sich immer wieder zu neuen Höhen. Ein kraftvolles Gefühl macht sich in mir breit. Das Mantra wird nun langsamer, leiser und sanfter, stirbt ab zu einem Flüsterton bis schließlich selbst dieser verstummt. Plötzlich bewegen sich nur noch unsere Lippen, auch diese schließen sich letztendlich. Nur die rhythmischen Körperbewegungen gehen weiter. Und das nun wortlose Mantra hämmert mit ungebrochener Stärke in unserem Innern. Es ist verinnerlicht. Noch Stunden später bis tief in die Nacht hinein wirkt es nach.

Zikar gehörte sicherlich zu meinen stärksten Erfahrungen in Lama. Die tiefe Religiösität und Aufrichtigkeit der im ISC zusammengeschlossenen Menschen vermochte darüber hinaus so manche meiner Vorurteile dem Islam gegenüber auszuräumen. Gerade in einer Zeit, in der die islamische Religion einen immer stärker werdenen Einfluß auf die weltpolitische Lage gewinnt und durch so fanatische Figuren wie Khomeini, Zia Ul-Haq oder Gadhafi beherrscht wird, leistet Lama einen wertvollen Beitrag, die positiven Elemente der Lehren des Großen Propheten Mohamed wieder ins rechte Licht zu rücken.

Service Organisation

Lama versteht sich in erster Linie als Service Organisation. Es ist eine Station des Weges, an dem der Pilger Obdach von den zerstörerischen Einflüssen der Außenwelt findet. Die Kommune vergleicht sich mit der Funktion eines Gewächshauses, in dem erstes spirituelles Erwachen geschützt und genährt wird. Bereits 1967 gründete die rasch wachsende Gruppe einen gemeinnützigen, von der allgemeinen Steuerpflicht befreiten Verein, der sich die Erziehung des Menschen zum Ziel setzte. Lama begreift sich als Zentrum für 'grundlegende Studien'. Unter grundlegenden Studien verstand Stephen Durkey sich anzueignen, wie Gemüse hochgezogen wird, wie Klempner- oder Schreinerarbeiten ausgeführt werden, wie man also wirklich praktische, lebensnotwendige Dinge erlernt. Weiter sollen die Menschen in Lama herausfinden, was für Bedürfnisse sie überhaupt haben, wie sich ihre Beziehungen zur Natur gestaltet und welches Verhältnis sie zu sich selbst und zu anderen haben. "Wir lernen hier uns selbst zu versorgen mit dem was wir brauchen, nichts weiter!"

Seit 1971 werden regelmäßig jeden Sommer Seminare, workshops und Meditationscamps angeboten. Von überall her kommen spirituelle Lehrer, Künstler und Philosophen zusammen, die ihr Wissen, ihre Erfahrungen und Fähigkeiten an suchende und interessierte Schüler weiter vermitteln. Lama ist für alle spirituellen Strömungen offen. Derwische, Zenmeister, Buddhisten und Yogis – in Lama finden sie alle tolerante und offene Aufnahme. Die Kommune hat sich zu einem Schmelzpunkt zwischen Ost und West entwickelt. Eine starke Verbindung besteht auch zu den nur wenige Meilen entfernt lebenden Pueblo Indianern in Taos. Es gab eine Zeit, in der Älteste der 'Native American Church' im Dome regelmäßig Gebetszeremonien abhielten. Lama ist es gelungen, verschiedene Wege des Wissens zu einer Synthese zu verbinden. In vielen spirituellen New Age Zentren hat sich mittlerweile die Erkenntnis durchgesetzt, daß nicht nur eine spirituelle Disziplin dem Einen entgegen arbeitet. Manche sagen Gott, manche Allah, andere Buddha, Brahma, Tao oder Großer Geist. Manche meditieren im Sitzen, manche knieend oder im Gehen, manche überhaupt nicht. Andere tanzen, beten chanten oder singen. Verschiedene Wege mit verschiedenen Weltanschauungen und Methoden – sie alle haben ein verbindendes Ziel.

Einer der ersten spirituellen Lehrer, der nach Lama kam, war der Sufimeister Murshid Samuel Lewis. Murshid war es, der in der westlichen Welt den Sufitanz wieder populär machte. "Einer der Gründe, warum ich diesen Tanz lehre, ist, Freude zu verbreiten" sagte Murshid über sich selbst. Murshid starb im Februar 1970 im Alter von 74 Jahren. Er wählte Lama als letzte Ruhestätte. Etwas bergauf unter hochgewachsenen Kiefern liegt sein schmuckloses Grab, das nur von einer schlichen Holztafel geziert ist. Unweit der Grabstelle findet sich eine kleine Lichtung, auf der ein mit Steinen eingefaßter kreisrunder Platz angelegt ist, auf dem ab und an zu Ehren Murshid's Sufitänze aufgeführt werden. Auch am Tage des Begräbnisses wurde getanzt.

Lama bietet den bestmöglichen Rahmen für ein spirituelles Lebens- und Schulungszentrum. Die durch die Höhenlage relativ abgeschlossene Lage, die zumindest während der Sommerzeit günstigen klimatischen Bedingungen sowie eine nahezu unberührte Natur bieten ein ideales Setting für spirituelles Wachstum. Das Kursangebot umfaßt alle wesentlichen Bereiche der New Age Kultur. Neben den traditionellen Disziplinen wie Yoga, Meditation, Zazen, Tai Chi und Aikido werden auch Seminare zu Themen wie spirituelle Geburt, alternative Erziehung oder Ökologie angeboten. Zu dem Lehrkörper gehören so namhafte Persönlichkeiten wie Baba Hari Dass, David Spangler, Stephen Levine, Ram Dass oder der Zenmeister Joshu Sasaki Roshi. Der künstlerische Aspekt des Lebens kommt in Musik, Tanz, Töpferei und Zirkuskunst zum Ausdruck. 1980 kam bereits zum vierten Male Wavy Gravy von der ehemaligen Hog Farm Kommune mit seiner Zirkusschule 'Winnarainbow' nach Lama. Winnarainbow ist ein spezielles Camp für Kinder in dem Seiltanz, Trapez, Clownerie, Ballet und Gesang zum Unterrichtsprogramm gehören. Auch gelang es Lama den Indianer Frank Samora, einen der Ältesten des Taos Pueblo, für Exkursionen durch die Ökologie New Mexicos zu gewinnen. Mit Campingausrüstung und Packpferden zog die Gruppe durch Täler und Canyons und wurde von Samora sachkundig in die Pflanzen- und Tierwelt sowie die geologischen Ursprünge der Region eingeführt.

Als Organisatoren des Kursprogrammes sind die festen Mitglieder von Lama für die Betreuung der Kursteilnehmer verantwortlich. Die eingenommenen Kursgebühren werden in der Regel zwischen Lama als Veranstalter und den spirituellen Lehrern je zur Hälfte aufgeteilt. Manche der Lehrer arbeiten unentgeltlich und unterstützen dadurch die Gemeinschaft. Zu einer außergewöhnlichen Attraktivität haben sich die Meditationscamps mit Ram Dass entwickelt. Während der Sommercamps kommen regelmäßig mehr als 200 Menschen zusammen. Ram Dass ist der Gemeinschaft schon mehr als ein Jahrzehnt innig verbunden. In Lama wurde sein erstes Buch 'Be here now' vorbereitet und herausgegeben, das im Laufe der siebziger Jahre mit einer millionenfachen Verbreitung bald zu einem internationalen Bestseller werden sollte. Be here now war mehr als ein Buch. Es wurde vielmehr zu einem bestimmenden Slogan der Alternativkultur.

Mönchsleben

'Living alone together', so heißt ein neuer Slogan, den sich bereits eine beträchtliche Anzahl spiritueller Gruppen in Nordamerika zu eigen gemacht hat. Ob in Mountain Grove, im Kripalu Center, dem Tassajara Zen Mountain Center oder in Lama Foundation – alle diese Gemeinschaften haben gemein, daß deren Mitglieder zwar zusammen leben, trotzdem aber für sich alleine bleiben. Sie gruppieren sich zumeist um zentrale Gemeinschaftseinrichtungen. Die privaten Unterkünfte dagegen liegen vereinzelt, manchmal etwas abgelegen in den um-

liegenden Wäldern. Neben der gemeinsamen Organisation des Alltages ziehen es die Mitglieder vor, ihren Wohnbereich so privat als möglich zu halten. Sie schätzen sowohl das Eingebettetsein in eine feste Gruppe als auch die Möglichkeit, sich in ihren eigenen privaten Bereich zurückzuziehen.

Manche dieser Gruppen erinnern durchaus an klosterähnliche Einsiedeleien. Am konsequentesten verfolgt das im kalifornischen Carmel Valley gelegene Tassajara Mountain Center diesen Weg. Das Zen Center ist ein nach japanischem Muster ausgerichtetes traditionelles Kloster. Wenn auch die ursprünglichen Zeremonien und Pflichten etwas vereinfacht, dem amerikanischen Lebensstil angepaßter, in den Westen Eingang fanden, so wird das tägliche Zusammensein doch durch Disziplin und relativ streng gefaßte Regeln bestimmt. Der Tagesrhythmus setzt bereits morgens um 3 Uhr 40 ein: Zazen, Frühstück, Studium, Arbeit, Mittag, wieder Arbeit und Zazen – der Tag ist minutiös in feststehende Einheiten eingeteilt. Nonnen und Mönche sind in die traditionellen, dunkelroten Roben eingekleidet. Ihre Köpfe sind kahlgeschoren. Sie bewohnen separat gelegene, winzige zellenartige Räume. Doch die Studenten des Zen Mountain Center leben gewöhnlich nur zwei bis drei Jahre in der relativen Abgeschlossenheit des Bergklosters. Die Zeit dient lediglich zu Schulungs- und Studienzwecken. Es ist nicht gedacht, das ganze Leben so isoliert von der Aussenwelt zuzubringen.

Verglichen mit dem zenbuddhistischen Bergkloster läuft das Leben in Lama Foundation viel gelöster und lockerer ab. Zwar ist auch in Lama der Tagesablauf relativ festgelegt. Doch morgens um 6 Uhr aufzustehen, gemeinsam zu meditieren, in Mantras einzustimmen, zusammen zu essen und zu arbeiten ist nicht bloßer ritueller Selbstzweck. Es dient vor allem dazu, sich einem neuen Rhythmus anzupassen, einem Lebensrhythmus, der sich deutlich von dem früheren Lebenszusammenhang abheben soll. Leben in Lama bedeutet auch, sich dem jahreszeitlichen Rhythmus anzugleichen. Im Sommer sind alle Aktivitäten nach außen gerichtet. Viele Gäste, Besucher und Kursteilnehmer wollen versorgt werden. Hausbau und Gartenarbeit erfordern den vollen Einsatz aller Mitglieder. Und wie im Winter die Natur in sich zurückschrumpft, so werden in Lama zur kalten Jahreszeit die äußeren Aktivitäten ebenfalls eingeschränkt. Im Winter finden keine Veranstaltungen statt. Garten- und Hausbau kommen nicht zuletzt bedingt durch die klimatischen Verhältnisse zum Stillstand. Schnee und Kälte binden an das Haus und den wärmenden Ofen. Selbst die Gemeinschaftsaktivitäten werden auf ein Minimum reduziert. Der Winter wird so zu einer natürlichen Rückbesinnung auf sich selbst. Jeder Einzelne kehrt in sich hinein und versucht zur Ruhe zu kommen. Während den arbeitsreichen, manchmal hektischen Sommermonaten blieb kaum Zeit dafür.

Sollte auch im Sommer bei einzelnen Mitgliedern oder auch Besuchern das Bedürfnis nach weltlicher Abgeschiedenheit vorhanden sein, so stehen dafür drei Einsiedeleien zur Verfügung. Besondere für diesen Zweck errichtete Unterkünfte liegen bis zu einer Fußstunde vom eigentlichen Zentrum entfernt, abgelegen, in relativ unzugänglicher Umgebung. Je nach dem Wunsch des Einsiedlers zieht er sich von nur wenigen Tagen bis hin zu mehreren Wochen zurück. Während der Zeit der Einsiedelei ist das Mitglied von jeglichen gemeinschaftlichen Pflichten entbunden. Ohne jemanden zu Gesicht zu bekommen, wird der Einsiedler mit Nahrung und Wasser versorgt.

Zurück zu den Wurzeln

Ein einfacher, erdverbundener Lebensstil ist auch in Lama wieder selbstverständlich geworden. Selbst Elektrizität ist noch nicht in die Abgelegenheit von Lama vorgedrungen. Um die Natürlichkeit des Platzes zu erhalten und nicht zuletzt auch der hohen Kosten wegen wird auch in nächster Zeit nicht daran gedacht, die Gemeinschaft an das Stromnetz anzuschließen. Petroleum- und einige Gaslampen sind die einzigen Lichtspender. Ein Stromgenerator wird lediglich dazu benutzt, technische Geräte mit der notwendigen Energie zu versorgen oder um in der kalten Jahreszeit das Badewasser etwas anzuwärmen. Geheizt wird ausschließlich mit Holz, welches in den umliegenden Wäldern selbst geschlagen wird. Propangas dient zum Kochen. Gutes Trinkwasser fließt von einer Quelle direkt in die Küche. Es gibt keine Fernseh- und Radiogeräte.

DIE FARM IN TENNESSEE

Das hohe Stahlgerüst der überdimensionalen Mississippibrücke zeigt schon von weitem an, daß die Grenze zu Tennessee nicht mehr allzu weit ist. Durch die abgedunkelten Fensterscheiben des Greyhound-Busses kommt auch schon der breite, gemächlich dahinfließende Strom ins Bild, der die natürliche Grenze zwischen den Bundesstaaten Arkansas und Tennessee markiert. Direkt an den östlichen Ufern des Mississippi hat sich Memphis breitgemacht. Nichts mehr erinnert an das alte Stadtbild aus der Pionierzeit des letzten Jahrhunderts. Wie in jeder amerikanischen Großstadt beherrschen auch hier die modernen Glasfassaden der Wolkenkratzer das Zentrum der City. In den öden, menschenleeren Straßen hat das Automobil schon lange die Vormacht übernommen. Sechsspurige Ausfallstraßen führen in architektonisch trostlose, verwahrloste Vorstädte. In ihrer Monotonie gleicht in Amerika jede Stadt der anderen. Die städtische Lebensqualität sinkt schneller als je zuvor. Lärm, Schmutz, Kriminalität und eine zunehmendeVereinsamung der Einwohner sind die Folgen einer planlosen Zusammenballung von Menschen. Wen nimmt es noch Wunder, daß immer mehr vornehmlich junge Leute die Städte verlassen und Zuflucht auf dem weiten noch teilweise unerschlossenen Land suchen.

Memphis ist Umsteigebahnhof. Die Reise führt weiter durch eine mit Wäldern und saftiggrünen Wiesen bedeckte Landschaft. Dazwischen gestreute Felder sind mit Mais, Weizen, Baumwolle und Tabak bepflanzt. Inmitten des ländlichen Tennessee haben sich im Jahre 1971 eine Gruppe von kalifornischen Hippies angesiedelt, die sich schlicht den Namen 'Farm' zugelegt haben. Die Farm zählte auf dem Höhepunkt ihre Entwicklung an die 1600 Einwohner und war damit zahlenmäßig die größte und weit über die Grenzen Amerikas hinaus bekannteste Kommune der neuen 'Zurück auf's Land Bewegung'.

Was wird mich wohl auf der Farm erwarten? Ein Rückbleibsel der Hippiekultur? Eine nach festen Regeln und Dogmen funktionierende religiöse Gemeinschaft? Oder gar ein autoritär-patriarchalisch organisierter Führerkult um Stephen Gaskin? Die Farm ist zwar mittlerweile eines der bekanntesten Landprojekte. Doch der Informationsfluß nach Europa ist immer noch spärlich, vor allem auch widersprüchlich. Die Meinungen über die Großkommune bewegen sich von strikter Ablehnung bis hin zu überschwenglicher Verherrlichung als eines der erfolgreichsten und von positiver Lebensenergie durchfluteten Kommuneprojekte. Ich versuche mich zu besinnen, wie mein bisheriges Bild über die Farm zustande kam. Da waren wohl in erster Linie die teilweise bereits ins Deutsche übertragenen Bücher von Stephen Gaskin, die einen kleinen Einblick in den spirituellen und philosophischen Hintergrund der Farm gaben. Hinzu kamen einige wenige, knapp gehaltene Zeitschriftenartikel in der deutschsprachigen Alternativpresse, ein paar Bilder im Fernsehen sowie Eindrücke von der Europatournee der Farm Band im Herbst 1978. Alles in allem waren es doch sehr positive Vorstellungen, die mich dazu bewegten, die Farm im ländlichen Tennessee aufzusuchen. Bei näherer Betrachtung stellte sich gar die Farm als eine der wichtigsten Stationen meiner Amerikareise dar.

In Summertown verlasse ich den Bus. Bis vor wenigen Jahren bestand für die Greyhoundgesellschaft noch keine Notwendigkeit hier anzuhalten. Doch jedes Jahr kommen immer mehr Besucher zur Farm. So ist hier eine Haltestelle entstanden, die noch gar nicht im Liniennetz eingezeichnet ist. Gleich nachdem ich den Highway verlassen und in den zur Farm führenden Schotterweg einbiege, stoppt ein kleiner japanischer Lieferwagen. Ich mache mit Mikel und Jeffrey meine erste Bekanntschaft mit den Farmleuten. Sie öffnen die hintere Schiebetür und bedeuten mir, in der chaotisch mit Baumaterial, Werkzeug und allerlei Kram angefüllten Ladefläche selbst einen Platz zum Sitzen freizumachen. Wir legen die letzten

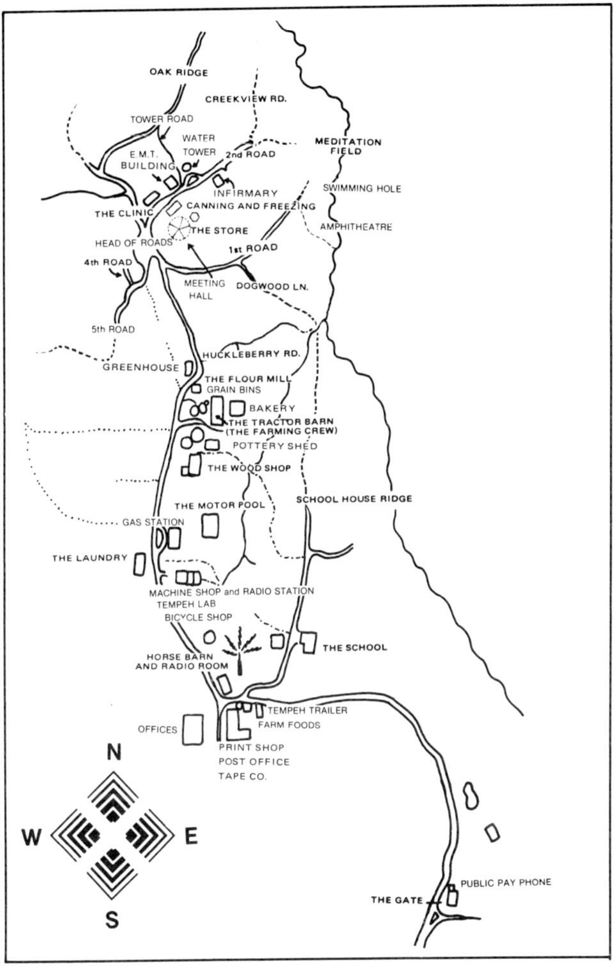

Lageplan: The Farm in Tennessee/USA

Meilen zum Pförtnerhaus zurück. Ein Schlagbaum kennzeichnet die Einfahrt auf das Farmgelände. Charles von der Wachmannschaft fragt nach dem Grund meines Besuches. Woher ich komme, wie ich von der Farm hörte, was ich zuletzt in Deutschland gemacht habe. Standardfragen. Doch im weiteren Verlauf des Gesprächs ist deutlich zu verspüren, daß es nicht nur Fragen aus Neugierde oder um der bloßen Konversation willen sind. Charles und die anderen Leute von der Wache haben großes Interesse zu erfahren, was für Leute zur Farm kommen, sei es auch nur für einen kurzen Besuch. Zuviel ist mit ungebetenen Gästen in den letzten Jahren vorgefallen. Bis vor einem halben Jahr war es üblich, alle Leute sofort aufzunehmen. Heute wird schon etwas mehr darauf geachtet, ob eventuelle Probleme mit Besuchern auftreten könnten und ob sie überhaupt in den ganzen Rahmen der Farm hineinpassen.

Charles erzählt, daß die Farm nach wie vor für alle Besucher offen ist. Um den störungsfreien Ablauf des Alltagslebens zu erhalten und den Einwohnern auch eine so weit als mögliche Privatsphäre zu gewährleisten, ist die Farm jedoch darauf bedacht, alle Besuche so kurz wie möglich zu halten. Insbesondere Besuchern aus den Vereinigten Staaten selbst wird mittlerweile nur noch eine Besuchszeit von ein bis zwei Tagen eingeräumt. Für den weithergereisten Europäer können dagegen oftmals noch abweichende Regelungen getroffen werden. Doch auch für den ausländischen Gast stellt es sich nicht ganz einfach dar, länger als eine Woche zu bleiben. Während der Zeit des Aufenthaltes sorgt die Farm für das leibliche Wohl des Gastes. Alles ist frei. Niemand hat für Verpflegung und Übernachtung etwas zu bezahlen. Von dieser Gastfreundschaft machen jährlich rund 10.000 Besucher Gebrauch. Unter ihnen sind viele, die sich entschließen für immer dort zu bleiben.

Gleich am nächsten Morgen nach meiner Ankunft habe ich Gelegenheit, an der Feldarbeit teilzunehmen. Auf einem weiten Feld mit gelbem, schon beinahe ausgereiftem Paprika sind schon seit Sonnenaufgang gute zwei Dutzend Leute dabei, mit den bloßen Händen die Stauden von wild wucherndem Unkraut zu befreien. Frauen, Männer und auch Kinder helfen mit. In der vergangenen Nacht hat ein warmer, aber heftiger Regenguß den Acker aufgeweicht. Dicke Erdklumpen bleiben an den Schuhen haften. Das Unkraut läßt sich dafür umso leichter herausziehen. Es ist noch früh am Morgen, doch die Sonne brennt bereits wieder mit aller Kraft aus einem wolkenlosen Himmel. Unter einem schützenden Strohhut halb verborgen schaut mir das stoppelbärtige Gesicht von Jack entgegen. Wir kommen ins Gespräch. Jack kam erst vor zwei Wochen auf die Farm. Doch er ist bereits fest überzeugt, daß er hier sein neues Zuhause gefunden hat. Sein ursprünglicher Traum, sich zusammen mit Frau und Kindern auf einer kleinen ländlichen Farm niederzulassen, erfüllte sich bisher nicht. Die hart erarbeiteten Ersparnisse gingen für zwei aufwendige Ehescheidungen verloren. Seine drei Kinder wurden den jeweiligen Müttern zugesprochen. Zudem wurde Jack zum Militärdienst eingezogen. Er erzählt vom Krieg in Vietnam. Er hat dort für Ziele gekämpft, die nie seine Ziele waren. Jack ist mittlerweile Anfang dreißig, doch er wirkt bereits wesentlich älter. Die Farm ist für ihn ein neuer Anfang.

In einer kurzen Pause werden eisgekühlter Hibiskustee und selbstgebackene, salzige Kekse eingenommen. Um die Mittagszeit ist schließlich das ganze Feld abgejätet. Wir alle besteigen einen kleinen Lastwagen und fahren damit zu einer der zentralen Essensausgaben. Zum ersten Mal durchquere ich nun das 700 Hektar große Farmgelände und erkenne mit staunenden Augen die wirklichen Ausmaße der Farm. Die ungeteerte Hauptstraße führt vorbei an großen Maisfeldern. An Holzstangen sich hochrankende Weinreben beginnen sich gerade die ersten kleinen Trauben zu formen. Auch die 300 bis 400 jungen Apfelbäume auf der anderen Seite des Weges tragen schon reichlich Früchte. Die Schotterstraße ist von belebtem Verkehr erfüllt. Radfahrer sind vorne und hinten mit kleinen Kindern beladen und verschwinden in den von Autos aufgewirbelten Staubwolken. Einer dieser überdimensionalen, großen 16-rädrigen schweren LKW's kommt uns entgegen. Der Laster hat Bauholz geladen, der bärtige Farmfreak hinterm Steuerrad hebt lächelnd zwei Finger zum Gruß. Die Pferdekoppel kommt ins Bild. An die 20 gut gepflegte Pferde sind hier zuhause, von einer Gruppe Teenager werden sie liebevoll gestriegelt und umsorgt. Hinter der Pferdekoppel ragen die rund 25 Meter hohen Antennen der von der Farm betriebenen Radiostation in den Himmel. Der private Radiosender ist gerade so stark, daß er das ganze Farmgelände und dazu noch die angrenzenden Nachbarn mit pausenlos gespielter Reggae- und New Wave Musik berieseln kann.

Wie technisiert die Farm ist, zeigt sich allerdings erst beim Anblick der großen, wellblechüberdachten Halle der Autowerkstatt. Das Automobilzeitalter hat offensichtlich vor der Farm nicht haltgemacht. Von Technikfeindlichkeit keine Spur. Auf einem am Dach der Halle angebrachten Schild ist in großen Lettern 'KAPUTT MOTORS' zu lesen. Und so sieht es auf den ersten Blick auch aus. An die hundert Fahrzeuge aller Art stehen herum, praktisch alles vom Mofa bis hin zu alten Schulbussen und schweren Baufahrzeugen. Manche Fahrzeuge sind gerade neu überholt, viele schon teilweise ausgeschlachtet oder nur noch bloßer Schrott. Der Farm ist es bisher nicht gelungen, die Auswüchse des Autoverkehrs auf ihrem eigenen Grund und Boden unter Kontrolle zu bringen und selbst ein alternatives Transportsystem zu entwickeln. Der Fahrzeugpark, der noch viel zu viele kleine Personenwagen enthält, verschlingt beträchtliche Kosten an Unterhalt und Treibstoff. Für den Europäer bleibt es ungewohnt in einem Alternativprojekt Autowracks und motorisierten Verkehr in solchem Ausmaß anzutreffen. Doch für Amerikaner scheint das Auto auch in der alternativen Scene zu einem nicht mehr wegzudenkenden Bestandteil des Lebensstils geworden zu sein.

Wir nähern uns nun dem geographischen und auch wirtschaflichen Zentrum. Die Dichte der Gebäude nimmt zu. Wir passieren Bäckerei, Schreinerei, Töpferei, Mühle, die Getreidesilos und ein riesiges mit Plastikplanen überdachtes Gewächshaus. Von der im Bau befindlichen kuppelförmigen Gemeinschaftshalle ist bereits das aus einzelnen Dreieckselementen zusammengeschweißte Stahlgerüst erkennbar. Einzelne aus Holz errichtete Wohnhäuser liegen etwas versteckt in dem beginnenden Waldgürtel. Die Essensausgabe ist in einem alten Holzschuppen untergebracht. Wir treffen mit einem anderen Arbeitsteam zusammen, welches den ganzen Vormittag mit der Tomatenernte beschäftigt war. Das Mittagsmahl wird auf einfach zusammengezimmerten Tischen und Bänken eingenommen. Es gibt in Essig geronnenes Sojamehl, dazu Tomaten- und Gurkensalat und frischgebackenes Vollkornbrot. Die Mahlzeit ist einfach aber wohlschmeckend.

Die Sojabohne als Eßkultur

Eines der grundlegenden Dinge, mit denen alle Leute auf der Farm übereinstimmen, ist die konsequent vegetarische Lebensweise. Niemand ißt Fleisch, Fisch oder Eier. Niemand trägt Schuhe oder Kleidung, die aus Leder gemacht sind. Und niemand raucht Tabak oder konsumiert Alkohol. Die Leute von der Farm leben aus ökologischen Gründen vegetarisch, nicht etwa weil sie um ihre Gesundheit besorgt sind. Sie wollen ihrer Umwelt so wenig als möglich antun. Das ökologische Gleichgewicht soll durch eine bewußte Lebensweise nicht mehr als unbedingt notwendig belastet werden. Dazu gehört nun einmal, daß versucht wird, die Nahrung aus der möglichst niedrigsten Evolutionsstufe zu gewinnen. Die Versorgung mit rein pflanzlicher Nahrung wird als weitaus weniger aufwendig als die Produktion von tierischem Eiweiß angesehen. Der Anbau von pflanzlichem Futtermittel für die bloße Mast von Schwein und Rind gilt als Umweg und Verschwendung, was überhaupt nichts dazu beiträgt, die Hungernden der

Dritten Welt satt zu machen. Es ist mittlerweile eine bekannte Tatsache, daß auf einem ha Land acht mal mehr pflanzliches als tierisches Protein erzeugt werden kann.

Außer Fleisch, Fisch und Eiern werden auch keine Milchprodukte und nur wenig Honig gegessen. Hinzu kommt noch, daß Anregungsmittel wie Kaffee, schwarzer Tee und Ginseng ebenfalls nicht genossen werden. Alles andere, was auf pflanzlicher Basis beruht, wird gegessen. Es mag vielleicht anfangs nicht einsichtig sein, warum auf so wohlschmeckende Milchprodukte wie Käse, Joghurt oder Quark verzichtet wird. Die wenigsten Leute sind sich allerdings darüber bewußt, daß eine Kuh jedes Jahr trächtig gemacht werden muß, um weiterhin Milch zu geben. Eine Kuh gibt nicht spontan ihr ganzes Leben lang Milch. Um Milchkuh zu bleiben, muß sie jedes Jahr durch eigens für diesen Zweck hochgepeppelte Zuchtbullen gedeckt werden und ein Kalb zur Welt bringen. Die weibliche Hälfte der Kälber wird in die Herde der Milchkühe eingereiht, die männliche Hälfte ist dazu bestimmt, schon früh zu sterben, um als zartes Kalbsschnitzel auf den bürgerlichen Mittagstisch zu kommen. Aus diesem Geschäft halten sich die Farmleute heraus. Sie haben es stattdessen gelernt aus Sojabohnen eine vergleichsweise ebenso nahrhafte und eiweißhaltige Diät herzustellen. Da völlig auf tierisches Eiweiß verzichtet wird hat sich die besonders eiweißhaltige Sojabohne geradezu angeboten. Sojamilch ist eine leicht verdauliche Art, das Eiweiß der Sojabohne aufzunehmen. Täglich werden davon auf der Farm mehrere hundert Liter produziert und größtenteils zu anderen Milchprodukten weiterverarbeitet.

Obwohl die Farm vielfach auf bereits bekannte Rezepte der Nahrungsmittelzubereitung zurückgreift, die einfach dadurch abgewandelt werden, indem das tierische Eiweiß durch andere Stoffe ersetzt wird, hat sich trotzdem eine ganz andersartige Eßkultur entwickelt. Täglich kommt ein Sojagericht auf den Tisch. Die in Europa noch nahezu unbekannten Sojabohnenprodukte wie Tempeh, TVP

und Tofu sind zu einem wesentlichen Bestandteil der Ernährung geworden. So ist Tofu eine Art Sojakäse, der aus der Milch gewonnen wird. In die heiße Milch wird wahlweise Essig, Zitronensaft oder Nigari gemengt, um dadurch die Milch zum Gerinnen zu bringen. Das Geronnene ergibt das Tofu. Es wird abgeschöpft und in einer Holzvorrichtung ausgepreßt und danach mehrere Stunden kaltgestellt. Tofu ist in Asien bereits seit Jahrhunderten bekannt. Es enthält hochkonzentriertes Eiweiß. Durch sein glattes Gewebe und die Absorptionsfähigkeit anderer Geschmackstoffe ist es wohl das am vielseitigsten verwandte Sojaprodukt. Tofu wird gebraten, auf Sandwiches gepackt, mit Gemüse vermengt, in Cannelonis gestopft, auf die Pizza gelegt oder auch im Salat genossen. Es kann daraus Cottage Cheese, Käsekuchen, saure Sahne und selbst Schlagsahne gemacht werden – kurz, Tofu ist das Universalmittel der vegetarischen Küche auf der Farm.

Welch hohen Stand die Kochkunst der Farm erreicht, zeigt sich insbesondere in dem von ihr betriebenen Restaurant im 70 Meilen entfernten Nashville. In einer gepflegten Atmosphäre zu äußert günstigen Preisen werden hier auf eindrucksvolle Art und Weise die gewonnenen Erkenntnisse weitergegeben. Statt Hamburger werden Sojaburger serviert, die knusprige Pizza ist mit kleinen Tofustreifen dekoriert, die Tomatensauce zu den Spaghettis mit TVP angereichert. Zu gebratenen Tempehgerichten werden knackige Salate mit Alfalfa und Sojasprossen gereicht. Und als Nachtisch stehen Tofukuchen mit frischen Früchten oder Sojaeiskrem zur Auswahl. Als eine hilfreiche Unterstützung hat der Buchverlag der Farm ein vegetarisches Kochbuch herausgegeben, daß bereits eine weite Verbreitung gefunden hat. Mit gut zusammengestellten Rezepten wird wirkungsvoll demonstriert, daß eine Ernährungsweise ohne Fleisch und tierische Produkte durchaus sehr abwechslungsreich und vor allem sehr wohlschmeckend sein kann. Die Eßkultur der Farm soll als modellhafte Ernährungsform auch anderen Menschen zugänglich gemacht werden. Um die konsequent vegetarische Lebensweise nach außen zu tragen, wurde eine Firma mit dem Namen 'Farm Foods' gegründet. Die Farmprodukte werden hauptsächlich an Lebensmittelkooperativen und Naturkostläden abgegeben.

Die deutschstämmigen Amish

Gleich während der ersten Tage meines Aufenthaltes auf der Farm hatte ich Gelegenheit, Mitglieder einer ganz anderen, recht außergewöhnlichen Gemeinschaft kennenzulernen. Hufgetrampel auf der Farm ist an sich nichts besonderes. Doch wenn eine Pferdekutsche der Amish die holprigen Feldwege entlang kommt, bleiben selbst noch die Farmleute stehen und reiben sich verwundert die Augen. Für mich selbst war das Zusammentreffen mit dieser schon seit vielen Generationen existierenden deutschstämmigen Einwandererkommune mehr als überraschend. Zwar hatte ich schon ein wenig über die Rappisten, die Hutterer, den Bruderhof und auch die Mennoniten gelesen. Als ich dann plötzlich völlig unvermutet die Amish vor mir sah vergaß ich alle angelesene Information über weltliche Abgeschlossenheit, patriarchalische Familienstruktur und Gottesgläubigkeit. Ich wurde hier offensichtlich mit einem anderen Jahrhundert konfrontiert. Schon rein äußerlich präsentierte sich ein Bild, das wohl eher ins späte Mittelalter gepaßt hätte. Der junge bärtige Kutscher grüßte mit einem offenen Lächeln. Seine dunkle Hose und Weste waren aus derbem Stoff selbstgeschneidert, ähnlich dem Stil, wie sie auch mein Großvater zu tragen pflegte. Unter der Weste trug er ein an beiden Ärmeln hochgekrempeltes blütenweißes, bis zum Hals zugeknöpftes Hemd. Sein blondes Haupthaar wurde durch einen flachen, breitkrempigen schwarzen Hut verdeckt. Die beiden weiblichen Begleiterinnen waren ebenfalls in selbstgeschneiderte dunkelblaue Kleider gehüllt. Mit kunstvollem Spitzwerk verzierte bodenlange Schürzen sowie Kopftücher, die zusätzlich von einer kleinen weißen Haube geziert wurden, vervollständigten eine Tracht, die sich seit dem Mittelalter nur unwesentlich verändert hat. Obwohl die Amish bereits seit mehreren Generationen in Amerika ansässig sind und diese Leute Deutschland selbst noch nie gesehen haben, ist ihre Muttersprache immer noch deutsch, wenn sie auch in einem nur schwer verständlichen Dialekt gesprochen wird.

Die Abordnung der Amish war auf dem Weg zur Farmklinik, in welcher eine schwangere junge Frau ihrer Siedlung untergebracht war. Während der Schwangerschaft hatten sich wohl Komplikationen eingestellt, die eine ständige stationäre Behandlung erforderlich machten. Trotz ihrer ablehnenden Haltung zur modernen Medizin kamen die Amish mit ihrer Patientin hilfesuchend zur Farm. Die Amish pflegen schon lange freundschaftliche Beziehungen zur Farm. Sie wissen, daß die Farm in ihrer Klinik versucht, mit einem Minimum an Technik auszukommen, aber gleichzeitig mit allem erforderlichem Gerät für eine schwierige Geburt ausgerüstet sind. Vor allem schätzen sie die Arbeit der Farmhebammen, die in den letzten Jahren bereits mehrmals den Amish zu Hilfe kamen.

Die von den Mennoniten abgespalteten Amish, deren Name auf ihren Gründer, den Schweizer Jacob Amman, zurückgeht, lehnen Maschinen und moderne Technik nahezu vollkommen ab. Sie benutzen kein Telephon, kein Radio, kein Fernsehen und kein Automobil. Mit ihren Einspännern bilden sie im ländlichen Tennessee einen wirkungsvollen Kontrast zur amerikanischen Automobilkultur. Das was heutzutage unter dem Schlagwort 'Mittlere Technologie' immer mehr in den Brennpunkt der Ökologiedebatte tritt, wird von den Amish bereits seit Jahrhunderten praktiziert. Die Amish kennen keine Energiekrise. In einer Zeit sich ständig verknappender Rohstoffe und sprunghaft steigender Benzinpreise, welche gar zu gewaltsamen Auseinandersetzungen an amerikanischen Tankstellen führten, demonstrieren die Amish, daß es auch anders geht. In ihren selbstgebauten Siedlungen halten sie es nicht einmal für notwendig, ihre Haushalte ans Stromnetz anzuschließen. Kerzenlicht und Petroleumlampen sind die einzigen Lichtspender. Während vollklimatisierte, extrem energieintensive Heiz- und Kühlsysteme zur Standardausrüstung eines jeden amerikanischen Heimes gehören, heizen die Amish weiterhin mit Holz. Windmühlen, Handpumpen und gelegentlich auch eine kleine mit einem Dieselgenerator betriebene Pumpe versorgen die Häuser mit frischem Brunnenwasser.

Um konsequent nach den Geboten der Bibel leben zu können glauben die Amish, daß es notwendig ist, sich völlig von der übrigen Gesellschaft zurückzuziehen. Ihre wirtschaftliche Grundlage ist die Landwirtschaft. Sie versorgen sich völlig selbst und beteiligen sich weder am politischen noch am gesellschaftlichen Leben der Amerikaner. Sie lehnen gar jegliche staatliche Einmischung und Unterstützung ab. Ebenso verweigern sie den Militärdienst. Sie sind gegen die künstliche Geburtenkontrolle und sind dadurch einer raschen Bevölkerungsentwicklung unterworfen. Parallelen zur Farm sind allzu offensichtlich. Außer in Tennessee sind die dorfgroßen Kolonien der Amish vor allem in den Staaten Pennsylvania, Ohio, Indiana und Iowa zu finden. In allen Kolonien zusammen leben mittlerweile an die 60.000 Menschen.

Die Großfamilie ist nach wie vor die Grundvoraussetzung für das soziale und wirtschaftliche Überleben der Amish. Die einzelnen Familien sind in Siedlungen von 150 bis 200 Personen zusammengefaßt, die durch die strenge religiöse Ausrichtung auf den christlichen Glauben fest zusammengehalten werden. Die starke Abgeschlossenheit von der Außenwelt verhinderte bisher erfolgreich abweichendes Verhalten wie Kriminalität, Alkoholismus oder Drogenmißbrauch. Selbst die Ehescheidung ist nahezu unbekannt.

Noch scheint auch die Welt der Amish in Ordnung zu sein. Nur 5 bis 10 % der Jugendlichen verlassen die Siedlungen um als hochgeschätzte Arbeitskräfte in der amerikanischen Industrie unterzukommen. Die durchaus positiven Aspekte der Amish-Kultur sollen jedoch keinesfalls einen falsch verstandenen Romantizismus Vorschub leisten. Der wirtschftliche Erfolg und die soziale Stabilität der Amish hat ihren Preis. Ihr Zusammenleben ist tatsächlich patriarchalisch strukturiert. Ihr Glaube ist festgelegt, ihre Siedlungen sind von der Außenwelt nahezu hermetisch abgeriegelt. Jeder unnötige Kontakt mit dem modernen Amerika wird aufs tunlichste vermieden. Und sicherlich mag es in unserer Zeit mehr als weltfremd erscheinen, sich von den Errungenschaften moderner Technologie total auszugrenzen.

Für die Farm war es jedoch außerordentlich wichtig in ihrer unmittelbaren Nachbarschaft eine Siedlung der Amish vorzufinden. Die Amish ebneten der Farm praktisch den Weg in der Organisation einer Gemeinschaft und in der vom staatlichen System unabhängigen Kindererziehung ebenfalls eigene Wege zu gehen. Die einheimische Bevölkerung war bereits mit den von der gesellschaftlichen Norm abweichenden Zielen solcher Gruppen vertraut, wenn ihr auch zunächst einmal die langhaarigen, buntgekleideten Hippies doch sehr suspekt erschienen.

Legende

Die Entstehungsgeschichte der Farm ist schon beinahe zur Legende geworden. Sie ist in mancher Beziehung so unwirklich, daß es schwer fällt, die Ereignisse von damals zu verstehen. Doch versuchen wir nachzuvollziehen, von was für einer Atmosphäre San Francisco zu Beginn der siebziger Jahre bestimmt war, von welch einer Sehnsucht nach einer friedlichen und natürlichen Lebensweise die damaligen Hippies erfüllt waren, so zeigt der Weg, den die Farm gegangen ist, in einfacher und konsequenter Weise auf, wie man gemeinsam das eigene Leben selbst in die Hand nehmen und verändern kann.

Die amerikanische Westküste, insbesondere die San Francisco Bay Area, wurde in den frühen sechziger Jahren zu einem Kristallisationspunkt für eine Erneuerungsbewegung der Jugendkultur, die bisher ohne Parallele blieb. Eine kulturelle Woge von Dichtung, Musik, Malerei, Tanz, Theater, Philosophie, Religion und neuen Formen der Kommunikation trafen hier in einer bisher einmaligen Konstellation zusammen und verschmolzen zu einem völlig neuen Lebensstil. Von San Francisco weitete sich dieses neue Lebensgefühl über ganz Nordamerika aus und erfaßte schließlich die ganze westliche Hemisphäre. Den Nährboden für diese Entwicklung bildeten die Dichter und Künstler der Beat-Generation, unter ihnen Jack Kerouac, William Burroughs und Allen Ginsberg. Die spirituelle Erneuerung ging insbesondere auf den Einfluß von Alan Watts und Gary Snyder zurück, die wesentlich dazu beitrugen, die östliche Weisheit des Taoismus und Zen Buddhismus dem westlichen Menschen nahe zu bringen. Insbesondere die jugendlichen Hippies standen der spirituellen Neubesinnung offen gegenüber und bekannten sich massenweise zu den Idealen von 'love and peace'.

San Francisco war es auch, wo Stephen Gaskin begann, Vorträge über östliche Philosophie und Spiritualität zu halten. Stephen sprach einen Abend in jeder Woche über Yoga, Zen und Buddhismus. Zuerst traf man sich in einem College auf dem Campus. Doch die politische Massenbewegung an den Universitäten trieb die entstehende Gruppe um Stephen bald aus dem Universitätsgelände hinaus. Von den anpolitisierten Intellektuellen wurden sie lediglich als ausgeflippte, perspektivlose Blumenkinder angesehen. Mit dem Erstarken der sozialistischen Bewegung gewann auch die Marx'sche Parole 'Religion ist Opium für's Volk' wieder neue Anhänger. Die politische Bewegung spitzte sich zu. Immer mehr Polizeikräfte erschienen auf dem Campus, so daß es auch von daher ratsam war, sich nach einem anderen Platz für die meetings umzusehen. Stephen lag es von vornherein daran, gewaltsame Zusammenstöße zu vermeiden. Einer seiner Grundsätze war die völlige Gewaltlosigkeit. Wie Stephen erklärte, "brauchte das römische Reich 400 Jahre um zu zerfallen. Diese Tage haben wir weitaus bessere Kommunikationssysteme. Es kann daher viel schneller passieren. Wir leben in einer dekadenten Gesellschaft. Es ist sinnlos, eine dekadente Gesellschaft stürzen zu wollen, du wirst unter ihr begraben werden. Halte dich einfach zurück und lerne, auf dich selbst achtzugeben. Versuche nicht, die Regierung zu übernehmen, übernimm nur die Funktion, die eine Regierung inne hat".

Die wöchentlichen meetings fanden nun für ein paar Monate in einer Kirche statt. Die Gruppe war mittlerweile auf 500 Leute angewachsen. Der Raum wurde bald zu eng, so daß sich die Gruppe entschloß, in das Zentrum der Hippiebewegung, in den Haight Ashbury District zu ziehen. Zur selben Zeit erlebte Haight Ashbury bereits erste Zerfallserscheinungen. Die Radikalität auf der Straße nahm zu. Speed und harte Drogen fanden ihren Weg ins Hippieviertel. Dealer, Zuhälter und die Mafia brachten Kriminalität und Gewalt mit sich. Die explosionsartige Ausweitung der Scene führte zu einer totalen Überfüllung der städtischen Hippiekommunen. Die wohnlichen und hygienischen Verhältnisse verschlechterten sich rapide. Doch Stephen's Gruppe überlebte all diese negativen Ausuferungen. Sie fanden in Haight Ashbury eine große Halle die vornehmlich für Rock-Konzerte genutzt wurde. Die Halle bot Platz für nahezu 2000 Leute. Schon nach kurzer Zeit füllte Stephen mit seiner Gruppe jeden Montagabend den Saal voll aus. Jeder, der kommen wollte, hatte freien Zugang.

Die 'Monday Night Class' blieb in San Francisco über vier Jahre hinweg ein interessantes Forum für Religion und Spiritualität. Mittlerweile war Stephen auch über die Grenzen der Stadt hinaus bekannt geworden. Er bekam immer mehr Einladungen von Kirchen, Schulen und anderen Organisationen, um auch dort zu sprechen. Stephen entschloß sich daher zu einer Vortragsreise. Er versuchte, seiner Gruppe zu erklären, daß er die Monday Night Class für eine Zeit unterbrechen muß, um an anderen Plätzen in den Vereinigten Staaten sprechen zu können. Doch da kamen die Leute zu ihm und fragten: "Können wir nicht auch mitgehen?" Und Stephen antwortete: "Nun, natürlich könnt ihr mitgehen. Ihr müßt Euch allerdings selbst einen alten Bus besorgen". Das machten die Leute dann auch. Sie beschafften sich mehr als 20 alte, schon beinahe ausgediente Schulbusse und verließen daraufhin mit Stephen San Francisco. An die 250 Leute reisten so zusammen quer durch die Vereinigten Staaten. Sie hielten meetings in 40 großen Städten ab, und jedesmal, wenn sie eine Stadt verließen, vergrößerte sich die Gruppe um ein paar Leute. In den vier Monaten, in denen sie zusammen unterwegs waren, wuchs die Gruppe zu einer festen Gemeinschaft zusammen. Als sie dann nach San Francisco zurückkehrten, war es daher auch nicht möglich, so einfach auseinander zu gehen. Sie alle hatten sich inzwischen so weit verändert, daß sich niemand eine Trennung vorstellen konnte, daß der Gedanke nun wieder sein eigenes, privates und isoliertes Leben aufzunehmen, unvorstellbar wurde.

Eine Woche später trafen alle wieder zusammen und Stephen sagte: "Laßt uns nach Tennessee gehen und eine Farm kaufen". Die Gründe dafür lagen auf der Hand. "Wenn du wirklich dein Leben spirituell ausrichten willst" sagt Stephen, "so willst du deine Seele nicht für acht Stunden am Tag verkaufen, um dadurch die anderen 16 Stunden möglich zu machen. Du willst es so haben, daß deine Arbeit nahtlos mit deinem Leben übereinstimmt und daß das, was du für deinen Lebensunterhalt tust, mit nichts anderem in Widerspruch steht, an was du sonst glaubst". Noch am selben Nachmittag machten sie die Schulbusse wieder startklar und begaben sich auf die Reise in das fast 4000 km entfernte Tennessee. Dort angekommen trafen sie jemanden, der ihnen erstmal ein Stück Land lieh, auf dem sie vorübergehend bleiben konnten. Das Land lag südlich von Nashville im Lewis County, einer der ärmsten Gegenden Tennessees. Sie lebten dort eine Weile in ihren Bussen und Wohnwagen, bis sie davon hörten, daß eine benachbarte Farm zum Kauf ausstand. Der Platz war genau der wonach sie suchten, etwas über 400 Hektar groß, mit genügend Wasser und reichlich halbwegs fruchtbarem Boden, um sofort mit dem landwirtschaftlichen Anbau beginnen zu können. Im Mai 1971 kauften sie die Farm für 70.000 Dollar. 270 Leute begannen damit, sich ein neues zuhause aufzubauen. Zwei Jahre später waren es schon 600.

Gleich im ersten Monat begannen die Farmleute, Gemüse anzupflanzen. Keiner von ihnen hatte bisher Erfahrung mit Farmarbeit. Trotzdem gab es viele Ansichten darüber, wie man es am besten machen könnte. Eine Reihe von ersten Fehlschlägen brachte etwas Ernüchterung mit sich. Schließlich gingen sie einfach dazu über, sich bei ihren Nachbarn umzuschauen und von ihnen zu lernen. Der erste Wandel, der die Arbeit grundlegend veränderte, war, daß anstatt Pferden nun Traktoren benutzt wurden. Die Farm kaufte gleich vier davon, zwei neue und zwei ältere Modelle. Die Traktoren verzehnfachten die Arbeitsintensität. Pferde wurden weiterhin für bestimmte Arbeiten benutzt. Sie sind bei nassem Boden oder bei abschüssigem Gelände dem Traktor nach wie vor überlegen.

Der größte Wandel in der Farmarbeit vollzog sich jedoch, als sie herausfanden, daß es für sie nicht möglich war, genug Kompost und natürlichen Dünger zu produzieren, um damit alle Felder düngen zu können. Die organische Anbaumethode wird nach Ansicht der Farm von weiten Teilen der Alternativscene zum Kultobjekt hochstabilisiert, ohne daß dabei berücksichtigt wird, daß nicht alle Leute davon satt werden können. Sogar wenn ausschließlich organischer Dünger eingepflügt wird, verliere der Boden durch den vielen Regen, der in Tennessee herunter kommt, lebenswichtige Bestandteile. Alle Farmer aus der Nachbarschaft setzen dem Boden daher künstlichen Stickstoff, Phosphor und Kalium zu. Die Farm ging dazu über, soviel organischen Dünger wie möglich zu benutzen, den Boden dann zu untersuchen und das betreffende Feld dann mit eventuell fehlenden Bestandteilen künstlich zu düngen. Die Farm glaubt, künstliche Düngersorten gefunden zu haben, die das Mikroleben des Bodens nicht wesentlich beeinträchtigen. Sie sind ebenso darum bemüht, nicht allzu viel Herbizide und Pestizide zu sprühen. Sie sind sich darüber bewußt, daß das organische Gleichgewicht der Natur dadurch stark beeinträchtigt wird. Auf der anderen Seite wäre es jedoch ebenso schädlich zuzusehen, wie ganze Kohlfelder nach und nach von Würmern aufgefressen werden und diese dabei sich noch so stark vermehren, daß sie gar noch die einige Kilometer entfernt gelegenen Felder der Nachbarn kahlfressen.

Auch als die Farmleute damit begannen, einen Obstgarten anzulegen, mußten sie erst einmal Lehrgeld zahlen. Viel Zeit und Energie hätte gespart werden können, hätten sie sich gleich in der Nachbarschaft orientiert. Die ersten vierzig Apfelbäume pflanzten sie in einen Meter tiefe Löcher und reicherten die Erde mit Kompost und Mineralien an. Es war eine Arbeit, von Wochen die Löcher auszuheben. Im nächsten Sommer war die Hälfte der Bäume abgestorben. Die tiefen Löcher wirkten wie ein Schwamm, der das ganze Wasser aufsaugte und die Bäume darin ertränkte. Von den benachbarten Obstbauern bekamen die Farmleute eine andere Methode gezeigt. Diese gruben die Löcher nicht tiefer als die Wurzeln des jungen Baumes in die Erde hineinreichen und füllten die Löcher nur mit Boden auf, der schon darin war. Die nächsten 150 Obstbäume konnten so in wenigen Tagen eingepflanzt werden. Sie haben alle überlebt.

Von der Hippiephilosophie zu einer selbstbestimmten Lebensweise

1968 wurde im Golden Gate Park von San Francisco die Hippiebewegung ganz offiziell und mit großem Zeremoniell zu Grabe getragen. Dessen ungeachtet lebt bis heute die Bewegung auf der Farm weiter. Die Teenager und Twens von damals sind mittlerweile in den Dreißigern und Vierzigern, doch ihre Philosophie von 'love and peace', ihre Ideale von einer friedvollen, freien Gesellschaft haben sich nicht geändert.

Die gesellschaftspolitische Situation der sechziger Jahre hat sich nahezu unverändert in die achtziger Jahre hinübergerettet. Nach wie vor bestehen für die junge Generation dieselben Gründe, die vorgezeichneten Bahnen von Karriere und Konsum zu verlassen. Für die heutige heranwachsende Generation ist die Ausgangssituation eher noch schlechter geworden als sie es vor 15 Jahren schon war. Verstärkter Leistungsdruck in der Schule, rigide Ausleseverfahren und eine enorme Ausweitung der Lehrstellenknappheit und Jugendarbeitslosigkeit lassen nur für den Unterwürfigen und Anpassungswilligen die Chance einer beruflichen Karriere. Jeden Tag kommen auf der Farm junge Leute an, die nicht mehr gewillt sind, am 'rat race' teilzunehmen. Sie haben es schlichtweg satt, sich für einen Boß die Knochen abzuarbeiten. Und es sind ganz dieselben Leute wie die Hippies der sechziger Jahre. Ihr Streben ist ebenso auf eine friedvolle und selbstbestimmte Lebensform ausgerichtet. Die Hippiebewegung ist nicht tot, sie lebt auf der Farm weiter. Die Leute dort verstehen sich nach wie vor als Hippies, sie bezeichnen sich gar ausdrücklich als solche, wenn auch heute das Wort reichlich abgenutzt und sinnentleert erscheint. Mit der zunehmenden Absorption äußerlicher Merkmale wie Hip-Kleidung, Haartracht, Sprache, Musik und Drogen in unsere Kultur trat die ursprüngliche Bedeutung des Wortes immer mehr in den Hintergrund.

Die ersten Jahre in Tennessee waren recht entbehrungsreich. Es war eine Zeit des Lernens, eine Zeit der Umstellung von der städtischen auf eine ländliche Lebensweise, Der Weg der Farmleute war die Rückkehr auf's Land zu einem völlig neuen Anfang. Sie gewöhnten sich an harte körperliche Arbeit und die Unannehmlichkeiten von Hitze und Kälte. Sie sind mittlerweile zu richtigen Farmern geworden. Auch heute noch ist die jährlich wiederkehrende Bestellung der Felder und das Einbringen der Ernte mit einer enormen Kraftanstrengung verbunden. Doch die Farmleute wissen mittlerweile was sie tun, warum sie es tun und für wen sie es tun.

Eines der wichtigsten Anliegen der Farm ist eine möglichst weitgehende Selbstversorgung mit allem Lebensnotwendigen. Dieses Streben nach Unabhängigkeit ist in Amerika traditionsgemäß viel ausgeprägter als in Europa. Die 'do it yourself' Haltung scheint noch ein Überbleibsel aus der Pionierzeit zu sein. Niemand auf der Farm lebt von staatlichen Unterstützungsgeldern. Nach Stephen ist niemand wirklich frei, solange er von den staatlichen Wohlfahrtsorganisationen abhängig ist. Gerade der fortgeschrittene Sozialstaat wie er sich in der Bundesrepublik präsentiert, ist für die Ausbreitung praktischer alternativer Modelle äußerst hinderlich. Zu viele Leute nehmen einfach das leicht zu bekommende Geld des Staates entgegen, sei es Bafög, Sozialhilfe, Arbeitslosen-

oder auch Krankengeld. Sie werden dadurch träge und kümmern sich nur wenig um den Aufbau eines selbstbestimmten Lebenszusammenhangs.

Selbstversorgung auf der Farm umfaßt bisher die Bereiche Ernährung, Hausbau, medizinische Versorgung einschließlich Geburtenhilfe sowie den ebenfalls bedeutsamen Bereich der Kindererziehung.

Ein beträchtlicher Teil der Nahrungsmittel wird selbst angebaut. Das Getreide wird in großen Silos gespeichert und in der eigenen Mühle zu Mehl gemahlen. Die geernteten Feldfrüchte werden in einer gut ausgestatteten Nahrungsaufbereitungsanlage für die Winterzeit haltbar gemacht. Tonnenweise werden Tomaten eingeweckt oder zu Ketchup verarbeitet, Gurken in Essig eingelegt, Bohnen, Spinat, Paprikaschoten und Brokoli tiefgefroren. Äpfel und Trauben werden zu köstlichen, vitaminhaltigen Säften verarbeitet. Für besonders festliche Anlässe wird aus den angebauten Reben auch eine bescheidene Literzahl zu Wein gekeltert und gegoren.

Neben der Landwirtschaft betreibt die Farm auch mehrere Handwerksbetriebe und kleine industrielle Werkstätten. Schreiner- und Klempnerkollektive führen in den umliegenden Landkreisen Auftragsarbeiten aus und tragen wesentlich dazu bei, die finanziellen Mittel für andere anfallende Ausgaben wie Fuhrpark, Elektrizität oder Kleidung aufzubringen. Die praktische Anwendung der Sonnenenergie entwickelt sich zunehmend zu einem ebenfalls wichtigen Arbeitsbereich. Die von der Farm gegründete Firma 'Solar Energy Works' hat sich auf die Anfertigung von kompletten Sonnenhäusern spezialisiert. Alle anfallenden Arbeiten, angefangen von der Planung bis hin zur Bauausführung und der Installation von mit Sonnenenergie betriebenen Heizungssystemen werden von Fachkräften der Farm ausgeführt. 'Solar Electronics', eine weitere Werkstatt der Farm, ist gegenwärtig dabei, mit Sonnenenergie gespeiste Fotozellen zu entwickeln, die Elektrizität aus der Steckdose liefern können und somit die notwendige Energie für Beleuchtung, Kühlschrank und Stereoanlage liefern.

Die neueste Entwicklung der Farm ist der Nukebuster, ein Meßgerät, mit dem es jedem amerikanischen Bürger möglich gemacht werden soll, die radioaktive Strahlung in der Nähe von Kernkraftwerken oder Atommülldeponien festzustellen. Der Nukebuster wird serienmäßig gefertigt und wird mit Zubehör zu einem Preis von etwas mehr als 300 Dollar an den Käufer abgegeben. Die Farm hat berechtigte Hoffnungen, eine große Stückzahl des Nukebusters abzusetzen. Ähnliche Geräte wie ein Metalldetektor, der metallische Gegenstände aufspüren kann, erfreuen sich bei Amerikanern bereits großer Beliebtheit. Die Farm nimmt es zum ersten mal in Kauf, sich dem kapitalistischen Warenmarkt anzupassen, indem sie damit anfängt, geeignete Absatzstrategien für den Nukebuster zu entwickeln. So stellt ein Werbeprospekt dem interessierten Kunden Fragen wie: "Gab es in Ihrer Umgebung kürzlich einen Reaktorunfall? Hat neulich jener Lastwagen mit radioaktivem Abfall Ihre Straße verseucht? Oder ist Ihr Haus gar auf dem Land einer alten Uranmine erbaut?"

Die Frage, die natürlich offen bleibt, ist, was der Besitzer eines Nukebusters machen kann, wenn die rote Lampe an seinem Gerät aufzuleuchten beginnt und ein Piepton verkündet, daß die radioaktive Strahlung zehnmal den Normalwert überschritten hat. Doch zweifelsohne ist der Nukebuster ein wichtiger Schritt, das Wissensmonopol der Atomtechniker zu durchbrechen und die in den Massenmedien verbreiteten Halbwahrheiten eigenhändig zu überprüfen. Die Konstruktion des Nukebusters zeigt an, mit welchem Engagement die Farm die Anti-AKW-Bewegung unterstützt. Die Farm Band, die sich kürzlich den Namen der amerikanischen Atombehörde zugelegt hat und sich nun 'Nuclear Regulatory Commision' (NRC) nennt, verbreitet auf Free Concerts, bei Anti-AKW-Festivals und durch Schallplattenproduktionen rockige New Wave Musik. Die Farm arbeitet aktiv daran mit, das destruktive Potential der Atomkraft immer mehr Menschen bewußt zu machen, und zeigt gleichzeitig durch die praktische Anwendung von Sonnenenergie eine der möglichen Alternativen auf.

Zu einer weiteren bedeutsamen Einnahmequelle ist mittlerweile der Buchverlag angewachsen. Die in der eigenen Druckerei auf einer modernen Fotosetzmaschine hergestellten Bücher fanden schon millionenfache Verbreitung. Die ersten der Farmbücher sind bereits ins Deutsche übertragen. Insbesondere Ina May's 'Spirituelle Hebammen' und Margret Nofzigers 'Natürliche Geburtenkontrolle' trugen in der Bundesrepublik wesentlich dazu bei, in der Schwangerschaftsverhütung Alternativen zur Pille und Spirale aufzuzeigen und die Hausgeburt wieder populär zu machen. Zudem betreibt die Farm eine konsequente Kampagne gegen die Abtreibung. Menschliches Leben wird auch im frühesten Stadium als unverletzlich angesehen. Statt abzutreiben werden die amerikanischen Frauen eingeladen, ihre Kinder auf der Farm zur Welt zu bringen. Nach der Geburt kann sich die Mutter entscheiden, ob sie das Kind großziehen möchte oder nicht – wenn nicht, dann sorgt die Farm für das Kind.

Als die Farm Band im Herbst 1978 auf Europatournee war und auch in deutschen Großstätten freie Konzerte und Informationsveranstaltungen abhielt, lernte auch die Münchnerin Hanna die Ideen der Farm kennen. Sie war damals schwanger und entschied sich, ihr Kind auf der Farm in Tennessee zur Welt zu bringen. Ihre Tochter ist mittlerweile sieben Jahre alt, beide leben immer noch auf der Farm. 15 praktizierende Hebammen verhalfen bisher mehr als 1200 Kindern, das Licht der Welt zu erblicken, viele davon gehören zur Farm. Überall sind sie zu sehen. Scharenweise ziehen sie über's Farmgelände. Ehepaare mit sechs oder acht Kindern sind keine Seltenheit.

Das überaus freundliche Verhältnis zu Kindern steht in einem wohltuenden Kontrast zur immer stärker werdenden Kinderfeindlichkeit in den westlichen Industrieländern, in denen jedes Kind als zusätzlicher Kostenfaktor angesehen wird. Vielleicht mag es etwas naiv erscheinen, wenn die Farmkinder gar als Garanten für die zukünftige Altersversorgung ihrer Eltern angesehen werden. Ein Blick in die Geschichte von historischen Kommunen des letzten Jahrhunderts läßt erkennen, daß die heranwachsenden Jugendlichen nur selten die idealistische Einstellung der Gründergeneration aufzubringen vermochten. Dies führte dazu, daß die Kinder entweder die Siedlung verließen oder auf eine allmähliche Lockerung der gemeinschaftlichen Lebensweise drängten.

Von äußerster Wichtigkeit für die Farm ist natürlich auch die Erziehung ihrer Kinder in der eigenen Schule. Die Farm ist vom staatlich kontrollierten Schulsystem unabhängig. Bereits kurz nachdem sich die Farmleute in Tennessee angesiedelt hatten, wurde das Schulprojekt in Angriff genommen. Farmeigene Lehrer, die bereits eine anerkannte pädagogische Berufsausbildung absolviert hatten, traten mit der staatlichen Schulbehörde in Kontakt, ließen sich ein Empfehlungsschreiben über ihre pädagogische Eignung ausstellen und arrangierten sich darauf hin mit der Bezirksverwaltung, daß sie ihre eigene Schule gründen konnten. Der Bezirk war darüber gar erfreut. Denn für die vielen Kinder von der Farm hätte er ansonsten einen zusätzlichen Schulbus anschaffen müssen. Der Bezirk begrüßte es, daß die Farm die Erziehung selbst in die Hand nehmen wollte, als ob die Schulbürokraten die rasante Entwicklung geahnt hätten, die die Kinderzahl auf der Farm bald auf 700 ansteigen ließ. Dafür wäre ein ganz neues Schulgebäude notwendig gewesen. Die Farm profitierte auch davon, daß sich vor zwanzig Jahren die Amish im südlichen Tennessee niederließen. Diese schlossen mit der Bezirksverwaltung die Abmachung, daß ihre Kinder nur acht Klassen durchlaufen müssen. Die Farm kam daher ebenso mit der einheimischen Schulbehörde überein, daß ihre Kinder im entsprechenden Alter Prüfungen für den Abschluß nach der achten Klasse machen konnten.

Auf der Farm ist ein Entschulungsprozeß im Gange. Trotzdem ist das gerade neu fertiggestellte Schulhaus das modernste und bestausgestattete Gebäude der Farm. Großflächige Sonnenkollektoren auf den Dächern beheizen das Haus vollständig mit Sonnenenergie. Um etwaige staatliche Inspektoren zufrieden zu stellen, wurden in der Architektur und der Ausführung der Schule große Anstrengungen unternommen, um auch rein äußerlich einen sichtbaren hohen Standard vorzeigen zu können. Zu den Grundschulklassen wurden mittlerweile auch höhere Klassen eingerichtet, so daß nach 12 Jahren der High School Abschluß möglich ist. Das Prinzip ist, Schule so wenig wie möglich. Nur die Hälfte der Schulzeit wird dazu verwandt, dem staatlichen vorgeschriebenen Lehrplan gerecht zu werden. In der übrigen Zeit werden praktisch orientierte Aufgaben angegangen, insbesondere im Bereich der Landwirtschaft. Die Kinder sehen, mit welch großem Interesse die Erwachsenen der Farmarbeit nachgehen. Sie wollen es ihnen gleich tun. Ebenso werden sie mit der Arbeit in der Kfz-Werkstatt vertraut gemacht. Die Vermittlung elementarer Kentnisse in Physik, Elektronik, Radio- und Funktechnik wird immer zusammen mit praktischen Exkursionen in die farmeigenen Werkstätten verbunden. Die Handwerkskollektive, die außerhalb der Farm Schreiner- und Klempnerarbeiten ausführen, bieten den Teenagern frühzeitig die Möglichkeit, einen handwerklichen Beruf zu erlernen.

Die Kleinfamilie in der Großkommune

Für jene, die in der Zweierbeziehung, der bürgerlichen Ehe oder der Kleinfamilie die Ursache für die festgefahrenen und zerrütteten zwischenmenschlichen Beziehungen unserer Zeit sehen, mag es anfangs etwas befremdend erscheinen, daß auf der Farm nahezu alle

Leute verheiratet sind. Einem großen Teil der jüngeren Generation erscheint die Ehe als eine Institution, die nicht mehr zeitgerecht ist. Die Überzeugung nimmt zu, daß die Ehe in ihrer gegenwärtigen Form in unserer industriellen Gesellschaft nicht mehr praktikabel ist. In manchen Ländern zeigt die Statistik, daß jedes vierte geschlossene Ehebündnis wieder geschieden wird. Die Frage, die immer wieder auftaucht, ist: Wie kann von nur einem Menschen die Erfüllung und Befriedigung aller Bedürfnisse für das ganze Leben erwartet werden? Ist es nicht vielmehr sinnvoller, sich einer Gruppe von Leuten zu öffnen, um dadurch die Vielfalt gegenseitiger Bedürfnisse besser abdecken zu können? Der Ehepartner verkommt zum exklusiven Privateigentum, jeder Seitensprung wird zum Trennungsgrund. Die bürgerliche Ehe wird mit Recht als zu einengend empfunden. Doch eine Person beginnt sich erst dann eingeengt zu fühlen, wenn das anfängliche Interesse an der Beziehung erloschen ist, wenn es nicht mehr möglich ist, die anfangs so harmonische Verbindung weiterhin aufrecht zu erhalten. Es scheint jedoch überhaupt kein Grund vorhanden zu sein, die in den ersten Wochen erfahrene Liebe und Harmonie nicht über einen längeren Zeitraum beizubehalten und zu erweitern. Die anfangs persönlichen Motive von Anziehung und der Suche nach Geborgenheit können durchaus zu einer längerfristigen Verbindung führen.

Wie David Spangler in seinem kleinen Band 'Relationship and Identity' sehr anschaulich und überzeugend ausführt, haben wir das Verständnis verloren, was Ehe überhaupt sein kann. Verfolgen wir daher die Geschichte der Ehe zurück zu den Anfängen der menschlichen Evolution. Ursprünglich bedeutete das Ehebündnis schlicht eine Vereinigung zweier Menschen unter dem Schutze Gottes. Dem Schamanen, dem Priester oder wer auch immer mit höheren Mächten in Verbindung stand, oblag es, ein Ritual zu zeremonieren, welches mithelfen sollte, dem zukünftigen Paar bestimmte Zentren im Körper und Geist zu öffnen und die Körperenergien zu vereinigen.

Ehe war gedacht als Einweihung und Segnung für den gemeinsamen Lebensweg. Des weiteren sollten die Eltern eines neugeborenen Kindes schon während der Schwangerschaft damit beginnen, ein möglichst ausgeglichenes Zusammenleben anzustreben. Beide sollten für den neuen Erdenbürger die Verantwortung übernehmen, um ihm dadurch ein so weit als möglich harmonisches und stabiles soziales Milieu zu schaffen und ihm die besten Entwicklungsmöglichkeiten mit auf den Weg zu geben.

Die Ehe ist heute zu einem festen Bestandteil des sozialen Zusammenlebens auf der Farm geworden. Dies war nicht immer so. In den ersten Jahren lebten nur wenige in einer festen Paarbeziehung zusammen. Nahezu niemand war verheiratet. Man praktizierte eine mehr oder weniger offene Sexualität. Beziehungsstrukturen entwickelten sich kreuz und quer, wie es in den Anfangsjahren der neu entstandenen Kommunebewegung überall üblich war. Doch damit verbanden sich auch überall die negativen Auswirkungen der freien Sexualität, die sich in Eifersucht, Aggression und Unbeständigkeit niederschlugen. Mit der wachsenden Anzahl von neugeborenen Kindern auf der Farm wurde zudem erkannt, daß die biologischen Eltern bei der Erziehung eine entscheidende Rolle spielen. Auf der Farm ist die Kleinfamilie in eine größere soziale Gruppe integriert. Die Ehepaare leben mit ihren Kindern nicht isoliert in separaten Haushalten zusammen, sondern bilden mit anderen Familien und auch Alleinstehenden eine Großfamilie, die in der Regel 20 bis 30 Personen umfaßt. In diesem sozialen Klima sind vielfältige Kontakte, gemeinsame Interessen und eine kollektive Kindererziehung möglich. Ebenso liegt es auf der Hand, daß ein Haushalt dieser Größenordnung viel ökonomischer ausgerichtet ist als die Zweieinhalb-Zimmer-Idylle der bürgerlichen Kleinfamilie. Die Struktur des sozialen Zusammenlebens scheint für die Beständigkeit der Farm von äußerster Wichtigkeit zu sein. Einmal geschlossene Ehen werden recht selten wieder geschieden.

Gruppenbeziehungen auf der Farm bestehen also lediglich aus einzelnen Kleinfamilien, die auf den ersten Blick ganz gewöhnlich erscheinen. Ein wesentlicher Schritt, der über den Rahmen der Paarbeziehungen weit hinaus geht, ist ein sich langsam entwickelndes Gruppenbewußtsein. Dieses Gruppenbewußtsein ist nicht nur dadurch gekennzeichnet, daß verschiedene Leute zusammen leben und arbeiten und sich gegenseitig emotional und psychisch unterstützen. Gruppenbewußtsein bedeutet vielmehr, daß sich jedes einzelne Mitglied der Gruppe bewußt wird, daß es nicht allein durchs Leben geht, sondern sich als Teil der Gruppe begreift. Aus dieser Bewußtwerdung heraus wird sich allmählich ein völlig neues Beziehungssystem entwickeln – ähnlich dem der früheren Großfamilie, des Clans oder des Stammes. Die Farm, die Love Family, der Rainbow Tribe und andere ähnlich strukturierte New Age Gruppen verstehen sich als solch ein Stamm. Im Unterschied zu den archaischen Stammesformen basiert das Zusammenleben jedoch nicht länger auf ökonomischer und psychischer Notwendigkeit oder gar auf Blutbande. Vielmehr teilt die Gruppe ein vereinendes Ideal miteinander, welches es ermöglicht, in einem harmonischen Rhythmus zusammen zu leben.

Auf der Farm wird deutlich, daß die Hippiekultur der sechziger Jahre mehr war, als nur eine schwärmerische Bewegung, die ausgestiegene Teenager begeistern konnte. Die Farmleute haben es verstanden, ihre Ideale und Träume von damals in die Wirklichkeit umzusetzen. Für sie ist die Revolution vorbei und sie haben sie ganz eindeutig gewonnen. Es sind strahlende Sieger, denen das Glück förmlich aus den Augen leuchtet.

Neues von der Farm

Im Herbst 1983 erfuhr das Leben auf der Farm einschneidende Veränderungen. Zu jener Zeit stand die Farm kurz vor dem finanziellen Ruin. Es zeigte sich mit aller Deutlichkeit, daß die letzten zehn Jahre nicht mit der überlebensnotwendigen Effektivität gewirtschaftet wurde. Die Gründe für die finanzielle Misere waren vielschichtig. Die Farm, die vorwiegend konventionellen Landbau betrieb, konnte nur schwerlich mit den Erzeugerpreisen der umliegenden Farmer konkurrieren. Diverse technische Spielereien wie Radiostation, Computer, Kabelfernsehen, CB-Funk und der Unterhalt eines ausgedehnten Fuhrparks trugen ebenfalls dazu bei, daß mehr ausgegeben als eingenommen wurde. Hinzu kommt, daß das gekaufte Land noch nicht restlos abbezahlt ist. Nicht zuletzt waren auch die Zehntausende von Besuchern ein nicht unbedeutender Kostenfaktor.

Um die steigende Verschuldung in den Griff zu bekommen, bzw. den drohenden Bankrott abzuwenden, wurde die Struktur der Kommune grundlegend verändert. Auf der Farm wurde die Lohn- und Geldwirtschaft eingeführt. Ein Teil der Mitglieder wurde fest angestellt, andere sind seither darauf angewiesen, außerhalb der Farm zu arbeiten. Jedes Einkommen wird besteuert. Von dem wöchentlichen Verdienst wird ein Teil als 'Steuer' eingezogen. Von diesen Steuergeldern werden Darlehen zurückgezahlt, Grundsteuer entrichtet und die Schule unterhalten. Alleinstehende, Familien und Kollektive – sie alle haben ihren festen wöchentlichen Beitrag an die Gemeinschaftskasse abzuführen. Gezwungenermaßen entwickelten sich so viele neue Aktivitäten zur Geldbeschaffung. Zudem wurde das Leitungsgremium von der Verantwortung entlastet, für jeden sorgen zu müssen. Die wirtschaftlichen Aktivitäten der Farm richten sich heute verstärkt auf 'Farm Foods' (z.B. Soja-Eiscreme), den Buchverlag und die elektronischen Werkstätten.

Ohne geregeltes Einkommen gibt es keine Möglichkeit mehr, auf der Farm zu leben. Jeder, der sich oder seine Familie nicht selbst versorgen konnte, sah sich gezwungen, die Farm zu verlassen. Alleinstehenden Müttern wurde angeraten, Sozialhilfe zu beantragen. Einige haben mittlerweile davon Gebrauch gemacht. Der einstige Anspruch, sozialstaatliche Unterstützung abzulehnen, wurde damit aufgegeben. Die neue Organisationsstruktur hatte entscheidenden Einfluß auf die Mitgliederzahl der Gemeinschaft. Während in den ersten Jahren nach der Gründung die Farm-Bevölkerung langsam und stetig anwuchs, gab es gegen Ende der siebziger Jahre einen regelrechten Boom an neuen Mitgliedern. Die Farm wuchs jährlich um 100 bis 200 neue Menschen an, bis sie schließlich auf dem Höhepunkt der Entwicklung mehr als 1200 Bewohner zählte. Seit der Aufhebung der kollektiven Lebensweise haben Hunderte von Leuten, darunter auch viele der Gründungsmitglieder, die Farm verlassen. Den neuesten Nachrichten zufolge leben gegenwärtig 'nur' noch 300 Menschen auf der Farm. Damit ist die Farm zahlenmäßig immer noch eine der größten New Age Gemeinschaften unseres Planeten.

Die Geldwirtschaft mit all ihren Nachteilen hat von den Menschen auf der Farm wieder Besitz ergriffen. Mit dem verbleibenden Lohnanteil muß nun der Lebensunterhalt selbst bestritten werden. Alles kostet nun etwas – Lebensmittel, Gas, Strom, Telefon, Benzin, medizinische Versorgung und auch das Waschen im Waschsalon. Der Lebensmittelladen, die Sojamolkerei, die Bäckerei, der Waschsalon und die Autowerkstatt sind als coop-ähnliche Betriebe organisiert. Auch Handwerksdienste sind nicht mehr unentgeltlich. Wer eine elektrische Leitung gelegt haben will, stellt einen Elektriker an, wer einen Transporter benötigt, mietet sich einen.

Mit dem neuen Lohnsystem eng verbunden ist die Ausweitung des privaten Eigentums. Viele Farmleute lenken wieder ihr eigenes Fahrzeug. Es wurde selbst die Möglichkeit diskutiert, Land und Häuser zu privatisieren.

Die Schule auf der Farm gleicht heute einer Privatschule. Die Lehrer erhalten für ihre Arbeit einen Lohn. Wer seine Kinder in der Farmschule unterrichten lassen will, muß Schulgeld bezahlen. Einige Eltern bringen seither ihre Kinder in eine öffentliche Schule außerhalb der Farm, da sie kein Schulgeld zahlen wollen.

Die Ernährungsgewohnheiten beginnen sich ebenfalls zu lockern. Als vollwertig konnte die Ernährung auf der Farm eigentlich nie bezeichnet werden. Zucker, weißes Mehl und Cola wurden reichlich genossen. Konsequent war lediglich die strikte vegetarische Lebensweise, die keinerlei Produkte vom Tier beinhaltete, dafür wesentlich auf der Sojabohne basierte. Der eigene Anbau von Sojabohnen wurde mittlerweile aufgegeben. Im farmeigenen Lebensmittelladen werden neuerdings Milchprodukte, Käse und selbst Bier angeboten. Das Angebot richtet sich nach der Nachfrage.

Selbst das individuelle Erscheinungsbild der Farmleute ist im Wandel begriffen. Die schulterlangen Haare, einst Symbol einer ganzen Generation, gehörten von Anfang an quasi zum Image der Farmleute. Seit der 'großen Wende' ließen sich viele Männer die Haare und Bärte schneiden, nicht zuletzt, um manchmal auch bei der Arbeitssuche besseren Erfolg zu haben. Doch auch die Schuljungen und Frauen präsentieren sich heute in allen erdenklichen Haarschnitten und Moden.

Die wirtschaftlichen Veränderungen auf der Farm waren ein notwendiger Schritt, die Gemeinschaft am Leben zu erhalten. Es ist zwar nicht dieselbe Farm wie vorher, und sie wird es wahrscheinlich auch nie mehr sein. Doch die Farm ist nach wie vor ein Platz geprägt von Liebe, Gemeinsamkeit und Nächstenliebe, ein Platz, wo jeder in einer Atmosphäre von Frieden und Sicherheit leben kann.

Trotz einschneidender Wandlungen finden sich hier immer noch mehr Kollektivität und Spiritualität als an den meisten anderen Plätzen. Die Farm ist immer noch eine friedvolle, sanfte Gemeinschaft mit einem erstaunlich starken Netzwerk sozialer Kontakte und Freundschaften. Es ist immer noch ein Platz, an dem es sich lohnt, seine Kinder aufwachsen zu lassen. Die strukturellen Veränderungen im alltäglichen Leben führen gewissermaßen zu einem Gesundschrumpfungsprozeß der Farm. Manches hat sich grundlegend verändert, vieles funktioniert heute besser als zuvor. Für viele mag die Rückkehr zu Privateigentum und Geldwirtschaft ein Schritt zurück sein. Doch auch die neue Farm ist eines der wichtigsten Zentren der New Age Bewegung.

REISEFÜHRER

Der nachfolgende Reiseführer ist gegliedert nach Kontinenten und Staaten. Die einzelnen Projekte und Gruppen sind dann nach dem Alphabet gelistet, jeweils mit Kurzbeschreibung und kompletter Postanschrift.
Bitte vergeßt bei Korrespondenz nie, einen selbstadressierten, frankierten Rückumschlag oder bei Auslandsschriftwechsel reichlich Rückporto in Internationalen Antwortscheinen (bei jedem Postamt) beizulegen.

Folgende Länder sind enthalten:

EUROPA

DEUTSCHLAND

ALCMONA

Im Altmühlental gelegene Tagungsstätte und Gästehausbetrieb mit angeschlossener Biogärtnerei.
Kurse in biologischem Gartenbau, Naturheilkunde, Kräuter- und Pilzseminare.

Begegnungsstätte Haus Alcmona
Gundekarstr. 4
8079 KIPFENBERG

ANANDAMAYI CENTRUM

Schüler der im Spätjahr 1982 verstorbenen indischen Weisen Shri Shri Ma Anandamayi.

Shri Shri Ma Anandamayi Centrum
Rabelsacker 20
6901 HEILIGKREUZSTEINACH
Tel. 06220–8137

ARYATARA INSTITUT

Seit dem Frühjahr 1981 sind 6-8 ständige Bewohner dabei, die ehemalige Grundschule eines niederbayrischen Dorfes in ein Dharmazentrum zu verwandeln. Aryatara steht unter der spirituellen Leitung der beiden tibetischen Lamas Thubten Yeshe und Thubten Sopa Rinpoche. Zur Zeit gibt es weltweit rund 30 ähnliche Zentren. Ziel und Aufgabe dieser Zentren ist es, die Lehre Buddhas nach der tibetischen Überlieferung der Gelugpaschule zu bewahren und dem westlichen Menschen zu vermitteln. Das Aryatara Institut organisiert workshops in Meditation, Yoga, Tai Chi, Gestalt u.a.

Aryatara Institut
Jägerndorf 1 1/2
8382 ARNSTORF
Tel. 08723–2396

ATMANIKETAN ASHRAM

Die kleine spirituelle Gemeinschaft bewohnt eine alte Mühle. Der Ashram ist nach den Lehren Sri Aurobindos ausgerichtet. Zu den Aktivitäten der Gruppe gehören Gartenbau, Kühe und Pferde, Fotosatz, Grafik und Design, die Herausgabe der deutsch-englischen Zeitschrift Purna Yoga, sowie ein Buchversand. In den Sommermonaten organisiert der Ashram Kurse in klassischer Musik und Tanz Indiens (Tabla, Sitar, Gesang) sowie Sprachkurse in Hindi, Sanskrit und Englisch.

Atmaniketan Ashram
Merschstr. 9
4715 ASCHEBERG-HERBERN
Tel. 02599–1364

BACHBAUERNHOF

Spirituelle Gemeinschaft, die sich an den ursprünglichen Lehren von Jesus Christus orientiert. Ende 1983 wurde auf dem Bachbauernhof die 'Christengemeinschaft Bethanien e.V.' gegründet. Zentral ist die Idee der christlichen Nächstenliebe. Geplant ist, auf dem Bauernhof einen

Platz für geistig und körperlich behinderte Menschen zu schaffen. Die Gemeinschaft betreibt biologischen Land- und Gartenbau und eine eigene Vollkornbäckerei. Obstbau, Schafhaltung und Heilkräuteranbau sollen hinzu kommen.

Bachbauernhof
Lechsberg 1
8915 FUCHSTAL

FARM-GEMEINSCHAFT

Inspiriert von den Idealen der Farm in Tennessee entstand im Frühjahr 1983 auf einem Hof in Franken eine deutsche Farm-Gemeinschaft. Inzwischen hat die Gruppe unabhängig von der Tennessee-Farm in vielerlei Hinsicht ihren eigenen europäischen Stil entwickelt und versucht, möglichst ökologisch im Einklang mit der Natur das tägliche Leben zu gestalten. Angestrebt wird eine weitgehende Selbstversorgung. Übergreifendes Ziel ist es, anderen Menschen zu helfen. Zur Zeit wird viel Energie in Dritte-Welt-Arbeit investiert (Seminare, Infoabende mit Diavortrag, vegetarische Kochkurse). Die Gruppe ist mit Ständen auf Märkten, Messen und Festivals vertreten, wo umfassende Dritte-Welt-Information gegeben wird. Durch den Verkauf von Büchern, vegetarischem Essen u.a. sowie Kochkurse und Seminare (z.B. Naturheilkunde, biol. Gartenbau, Yoga) werden die notwendigen Mittel für den Lebensunterhalt erarbeitet. Um ihre Ziele nach außen hin besser zu vertreten, ist die Farm als gemeinnütziger Verein eingetragen. 'Wir versuchen, die spirituellen Ideale der Liebe im täglichen Leben zu praktizieren, indem wir nicht den Schwerpunkt auf das Materielle legen und an uns selbst zuerst denken, sondern Nächstenliebe üben. Wenn hier die Gruppe erst am Anfang steht und wir noch wenige sind, sind diese Ideale nicht so einfach hochzuhalten.' Die Gemeinschaft sucht ähnlich denkende, verantwortungsbewußte Mitmenschen, mit denen sie gemeinsam ein Stück des Weges gehen können. Interessierte und Besucher werden gebeten, sich vorher anzumelden.

Farm Gemeinschaft
8821 DORNHAUSEN Nr. 29

FORUM KREUZBERG

Eine Art freie Volkshochschule mit handwerklichen und künstlerischen Aktivitäten wie beispielsweise Web-, Tischler- und Elektrokurse, Eurythmie, Theater, Tanz. Das Forum Kreuzberg ist anthroposophisch orientiert.

Forum Kreuzberg
Eisenbahnstraße 21
1000 BERLIN 36
Tel. 030–6182222

FRANKFURTER RING

Der Frankfurter Ring besteht seit 15 Jahren, führt öffentliche Veranstaltungen, Vorträge, Seminare und Kurse durch und verteilt die vierteljährlich erscheinende Zeitschrift "Synthese", in der sich auch andere Zentren darstellen.
Gemäß der abendländischen Tradition ist der Frankfurter

Ring nach allen Seiten hin offen; so pflegt er das europäische Erbe, insbesondere die Meditation und Mystik, läßt sich befruchten von den Lehren und Praktiken des Orients und nimmt auch die neuen therapeutischen Methoden im Rahmen seiner Zielsetzung auf, wie sie in den beiden letzten Jahrzehnten vor allem in Amerika entwickelt worden sind. Zugleich sieht sich der Frankfurter Ring eingebunden in die weltweiten Bestrebungen, den absoluten Dualismus auf einer höheren Bewußtseinsstufe, dem "integralen Bewußtsein", aufzuheben. Dieser Weg führt auf eine synthetische Ebene, von der aus bisher als Gegensätze empfundene Positionen wie Geist/Materie, Himmel/Erde, Diesseits/Jenseits, Tod/Leben, Natur-/Geisteswissenschaften als Pole e i n e s Kraftfeldes gesehen und erfahren werden können.

Frankfurter Ring
c/o Brita & Wolfgang Dahlberg
Woogstraße 36 a
6000 FRANKFURT 50
Tel. 0611–511555

GREUTH HOF

Kleine von Findhorn inspirierte Gemeinschaft im Allgäu. Die Gemeinschaft ist nicht auf einen bestimmten geistigen Weg festgelegt. 'Sie ist für all diejenigen, die nach dem Licht streben, zur Einheit allen Seins – nach einem Leben im Einklang mit der Natur und den Gesetzen des Kosmos – ein Platz, der dazu beiträgt, uns zu verändern.' Und weiter: 'Die Liebe zu Gott und seiner Schöpfung soll an erster Stelle in unserem Leben stehen. Das Leben ist die Schule, in der wir lernen, uns durch unsre Arbeit und die Beziehungen zueinander auf den kosmischen Plan einzustimmen. Darin tragen wir dazu bei, das Be-

wußtsein der Einheit zu wecken und zu vertiefen und wirken mit am Aufbau der künftigen Welt.'
Die Gemeinschaft unterhält einen Verlag und Buchvertrieb und veranstaltet verschiedene workshops und Seminare (aktuelles Info auf Anfrage). Besuch oder Aufenthalt bitte nur nach Voranmeldung.

Welt des Lichts e.V.
Greuth Hof
8966 KIMRATSHOFEN
Tel. 08373–8369

GÜLISTAN

Sufi-Zentrum. Mantras, Zikr, Atem, Trommelrhythmen. Einführungswochenenden.

Gülistan
Dieffenbachstraße 73
1000 BERLIN 61

HAUS DER STILLE

Meditationszentrum, in dem ganzjährig Vipassana- und Zen-workshops stattfinden. Die Kurse werden von teilweise namhaften Meditationslehrern angeleitet.

Haus der Stille e.V.
Mühlenweg 20
2059 ROSEBURG über Bücken
Tel. 04158–214

HOF NIEDERURSEL

Anthroposophisches Bildungszentrum in zwei alten ehemaligen Bauernhöfen im Frankfurter Stadtteil Niederursel. Der Hof bietet ein volkshochschulähnliches Kursangebot im künstlerischen, handwerklichen und pädagogischen Bereich. Der Hof umfaßt komplett eingerichtete Werkstätten wie Schreinerei, Töpferei, Schmiede und Webstube sowie einen Waldorfkindergarten und eine Teestube.

Hof Niederursel
Alt-Niederursel 42 + 51
6000 FRANKFURT 50
Tel. 0611–585008

IXTLAN

Zentrum für Yoga, Meditation und Selbsterfahrung. Kurse in Yoga, Shiatsu, Tai Chi, Rebirthing, Intuitiver Massage und Astrologie.

Ixtlan
Damm 23
3300 BRAUNSCHWEIG
Tel. 0531–40558

KIN-MO-ZENDO

Seit 1978 bestehendes Zen-Zentrum der Rinzai-Schule. Regelmäßiges Zazen. Mehrmals im Jahr verschiedene Sesshin. Einführungen in das Zazen im Februar und September. Dem Zentrum angeschlossen ist ein Karate-Dojo, außerdem Tai Chi Chuan und Unterweisung in den Tee-Weg. Kin-Mo-Zendo unterhält Zweigsitzhallen in Wien und Gdansk/Polen.

Kin-Mo-Zendo
Frohnauer Straße 148
1000 BERLIN 28
Tel. 030–401 3069

LAURENTIUSHOF

Anthroposophisch orientierte Lebens- und Arbeitsgemeinschaft auf dem Lande. Zur Zeit neun Erwachsene und neun Kinder.

Laurentiushof
Bosenholz 11
4796 SALZKOTTEN

MODELL WASSERBURG

Eine etwa zehnköpfige Lebens- und Arbeitsgemeinschaft auf der Grundlage der Anthroposophie und Selbstverwaltung betreibt das Restaurant und Hotel "Eulenspiegel", veranstaltet öffentliche Rundgespräche und Seminare.

Modell Wasserburg e.V.
Gasthof Eulenspiegel
Hauptstraße 99
8992 WASSERBURG
Tel. 08382–6206

MUTTER ERDE

Therapie- und Meditationszentrum mit breitem workshop Programm (Tai Chi, Meditation, Bodymind, Gestalt, Esoterische Psychologie, Ökologischer Garten, Spirituelle Geburt). Ähnlich der 'Experience Week' in Findhorn wird für interessierte Besucher eine Erfahrungswoche angeboten, die mit dem Lebenin der Mutter Erde Gemeinschaft bekannt macht.

Mutter Erde
Hauptstraße 1
5248 SEIFEN/Forst über Wissen/Sieg
Tel. 02742–8251

N.U. YOGA ASHRAMA

Klassisches Yogazentrum, orientiert an den Lehren des indischen Yogis Swami Narayananda.

N.U. Yoga Ashrama
Im Grändel 4
7859 BLANSINGEN
Tel. 07628–1999

OM SHANTI

Meditations- und Therapiezentrum. Hatha Yoga, Rebirthing, Massage, New Games, Esoterik, Traum, Trance, Kunst u.a. – Om Shanti versteht sich als Ashram mit festgelegtem Tagesablauf.

Om Shanti
Lehrter Straße 51
3000 HANNOVER 73 (Anderten)
Tel. 0511–522318

OST-WEST-ZENTRUM

Zentrum für Makrobiotik und Heilkunde. Kurse in Shiatsu, fernöstlicher Diagnose und makrobiotischem Kochen.

Ost-West-Zentrum
Eppendorfer Marktplatz 13
2000 HAMBURG 20
Tel. 040–472750

SNEHA

Zentrum für Selbsterfahrung und Meditation nach Bhagwan Shree Rajneesh. Mit an die 100 Mitgliedern gehört Sneha zu den größten Kommunen in Deutschland. Das Angebot an Therapie und Meditation umfaßt eine Vielzahl spiritueller Methoden aller Schattierungen.
Die Adressen anderer Rajneesh Sannyas Ashrams und Zentren können hier erfragt werden!

SNEHA
8051 MARGARETHENRIED Nr. 6
Tel. 08764–426

STOLZENHOF

Kleine spirituelle Gemeinschaft in einem alten Bauernhof aus dem 15. Jahrhundert. Seit 1978 Therapie- und Meditationszentrum. Kurse in Tai Chi, Aikido, Shiatsu, Enlightment Intensive, Bioenergetik, Gestalttherapie u.a.

Stolzenhof e.V.
7109 JAGSTHAUSEN
Tel. 07943–626

SUFIZENTRUM HAUS SCHNEDE

Workshops und Seminare.

Sufizentrum Haus Schnede
Schnede 3
2125 SALZHAUSEN
Tel. 04172–7971

TIBETISCHES ZENTRUM HAMBURG

Tibetisches Zentrum Hamburg
Justus-Brinckmann-Straße 103
2050 HAMBURG 80
Tel. 040–7242754

VAJRADHATUZENTRUM PAKSHI LING

Tibetisch-buddhistisches Meditationszentrum nach Chögyam Trungpa (siehe auch Karme Choling und Naropa Institute, beide USA). In Pakshi Ling finden einführende Meditationskurse statt.

Pakshi Ling
Kirchweg 5
6315 MÜCKE 1
Tel. 06400–1747

WEG DER MITTE

Ein mit Findhorn verbundenes Meditations- und Therapiezentrum. Workshops in Massage, Tai Chi, Shiatsu, New Games, Polaritätstherapie, Hypnotherapie u. a.

Weg der Mitte
Milinowskistraße 35
1000 Berlin 37
Tel. 030 – 8131040

YOGASCHULE SRI AUROBINDO

Ein nach dem Integralen Yoga Sri Aurobindos ausgerichtetes Zentrum.

Yogaschule Sri Aurobindo
Florastraße 9
4300 Essen 1

ZENDO

Zen Meditation.

Zendo
Oberlindau 79
6000 FRANKFURT 1

ZEN DOJO BERLIN

Das Zen Dojo ist Mitglied der deutschen Zen Vereinigung e.V. – Zazen wird nach der Lehre von Taisen Deshimaru Roshi geübt. 'Zazen bedeutet, in einer Haltung tiefer Konzentration einfach zu sitzen, ohne Ziel und ohne Streben nach Nutzen.' Jeden Samstag findet eine Einführung statt.

Zen Dojo Berlin
Rehinstraße 45
1000 BERLIN 41
Tel. 030–8512073

ZEN VEREINIGUNG

Die Zen Vereinigung ist ein Zusammenschluß deutscher Zen Dojos, die nach den Lehren des japanischen Zenmeisters Taisen Deshimaru Roshi ausgerichtet sind. Sie soll die Kommunikation zwischen den verschiedenen Dojos und Zengruppen in Deutschland und ganz Europa unterstützen. Taisen Deshimaru gilt als einer der größten Zenmeister unserer Zeit. Während seiner 15-jährigen Lehrzeit in Europa gründete er über 100 Dojos. Deutsche Dojos bestehen in Berlin, Hamburg, Darmstadt, Köln, Lübeck, München und Münster; Zengruppen in Stuttgart, Heidelberg, Bremerhaven, Hannover, Saarbrücken, Bad Tölz und Bielefeld. Die genauen Anschriften sind über die Zen Vereinigung zu erfragen. Die Vereinigung gibt 2 bis 3 mal jährlich die Zeitschrift 'Zen Information' heraus.

Zen Vereinigung e.V.
Emsländer Weg 3
4400 MÜNSTER
Tel. 0251–664579

BELGIEN

TUILTERGAERDE

Landkommune in der Nähe der Stadt Hasselt. Die Gruppe betreibt biologische Landwirtschaft, eine alternative Schule und fungiert als Netzwerk für alternative und kollektive Lebensweise.

Tuiltergaerde
Stokrooieweg 3
B-3511 KURINGEN

DÄNEMARK

CHRISTIANIA

Auf dem seit 1971 besetzten weitläufigen Gelände inmitten von Kopenhagen leben heute an die 1000 Menschen. Christiania ist sicherlich kein ausschließlich spirituelles Zentrum. Anarchistische und sozialpolitische Tendenzen stehen im Vordergrund. Doch auch in Christiania finden sich zahlreiche Gruppen, die eine spirituelle Zielsetzung zu ihrem Lebensinhalt gemacht haben.

Christiania
Regnbuehuset
DK-1407 KOPENHAGEN K

MICHAELS KYRINGE

Anthroposophisches Zentrum, welches einen Kindergarten, eine Schule, eine Vollkornbäckerei und eine Druckerei unterhält. In einer alten Fabrik lebt hier eine feste Gruppe von etwa 15 Menschen zusammen.

Michaels Kyringe
DK-4100 RINGSTEDT

CHRISTIANIA

ENGLAND

BARTON FARM

Die Gruppe folgt dem Weg der Sufis. Meditation, Sufitanz, Heilkunde, eine Töpferei und die Organisation von kleinen workshops bilden den Alltag der Gruppe.

Barton Farm
Sufi House
BRADFORD-ON-AVON
Wilts, England
Tel. 022 16 5281

BRIGHTON NATURAL HEALTH CENTRE

Pädagogisches Zentrum mit einem umfassenden Kursangebot über Heilkunde, Yoga, Tai-chi, Shiatsu, Do-in, Massage, Tanz, Homöopathie, Naturheilkunde, Astrologie, Ernährung und Kochen. Auch für Kinder werden Kurse angeboten.

Brighton Natural Health Centre
27 Regent Street
BRIGHTON,
East Sussex, England
Tel. 0273 600010

DZOGCHEN ORGYEN CHO LING

Das von Sogyal Rinpoche gegründete Dzogchen Orgyen Cho Ling gehört heute zu den wichtigsten Zentren des tibetischen Buddhismus in England. Kurse und Vorträge.

Dzogchen Orgyen Cho Ling
76 Princess Road
LONDON NW6
England
Tel. 01 624 8246

EAST-WEST CENTRE

Das makrobiotische Zentrum in London umfaßt Gesundheitsberatung, Kindergarten, makrobiotisches Restaurant sowie das Kushi Institut für das Studium von Shiatsu, orientalischer Diagnose, makrobiotischer Ernährungslehre und anderem mehr.

The Community Health Foundation
188 Old Street
LONDON EC1
Tel. 01 251 4076

EMERSON

Anthroposophisches Zentrum in der Nähe von London. Kurse in biologisch-dynamischer Landwirtschaft, Eurythmie, Lehrerausbildung für Waldorfschulen.
Das in dem kleinen Dorf Forest Row beheimatete Emerson College ist Teil eines Netzwerkes von zahlreichen anthroposophisch orientierten Projekten der näheren Umgebung. Hierzu gehören eine große Waldorfschule,

eine Schule für Eurythmie, Produktionsstätten der Weleda-Heilmittelbetriebe, ein Heim für geistig behinderte Kinder, Restaurant, Bäckerei, mehrere bio-dyn. wirtschaftende Bauernhöfe sowie eine Vielzahl von Gruppen und Einzelpersonen, die sich mit anthroposophisch orientierter Medizin, Kunst und Architektur beschäftigen.

Emerson College
Forest Row
SUSSEX
England

ERRAID

Siehe Seite 36.

Isle of Erraid
Fionnphort P.C.
Isle of Mull
ARGYLLSHIRE
Schottland

FINDHORN

Siehe Seite 27

Findhorn Foundation
Clunny Hill College
FORRES, IV36 ORD
Schottland

KAGYU SAMYE-LING TIBETAN CENTRE

Abgeschieden gelegenes buddhistisches Zentrum in Schottland, das sowohl Buddhisten als auch Nicht-Buddhisten die Möglichkeit zu Ruhe und Meditation bieten will. Verschiedene Kurse über Buddhismus und tibetische Kultur.

Kagyu Samye-Ling Tibetan Centre
Eskdalemuir
NR. LANGHOLM
Dumfriesshire, Scotland
Tel. 05416 232

LAURIESTON HALL

Alternatives Tagungs- und Schulungszentrum im südlichen Schottland. Kurse und Seminare über Gewaltlosigkeit, politische Aktion, Frauenbewegung, Therapie bis hin zu Käseherstellung, Schuhmacherhandwerk und biologischem Gartenbau. Zu den Einnahmequellen der Gruppe zählt eine Töpferei sowie der Bau von Holzöfen Angeschlossene Landwirtschaft erlaubt die Selbstversorgung der rund 20 Personen mit Gemüse und Milchprodukten. Die Hauptrichtung der Kommune liegt mehr im politischen als im spirituellen Bereich.

Laurieston Hall
KIRKCUDBRIGHTSHIRE
Castle Douglas
Schottland

LONDON BUDDHIST CENTRE

Kurse in Meditation, Yoga und Massage, auch auf dem Lande. An das Zentrum angeschlossen ist ein Naturkostladen, ein vegetarisches Restaurant und eine Drukkerei.

London Buddhist Centre
51, Roman Road
LONDON E2 OHU
Tel. 01–981–1225
England

LONDON SUFI CENTRE

Wachsendes Zentrum der internationalen Sufi-Bewegung nach Pir Vilayat Inayat Khan. Vom Londoner Zentrum werden verschiedene Studiengruppen, Meditation, Sufitanz u.a. angeboten.

London Sufi Centre for Holistic Studies.
58 Stephens Gardens
LONDON W2
Tel. 01 221 3215

LOWER ROCKES

Lower Rockes ist eine kleine Gemeinschaft, die workshops über Heilkunde, Massage, Akupressur, Astrologie u.a. veranstaltet.

Lower Rockes
Compton Street
BUTLEIGH
Glastonbury, Somerset
Tel. 0458 50737

LOWER SHAW FARM

Ländliche spirituelle Gemeinschaft und Schulungszentrum. Die Farm veranstaltet Kurse über biologischen Gartenbau, Handwerk, Tierhaltung und Yoga. Die Gruppe betreibt auch ein Naturkost-Restaurant.

Lower Shaw Farm
Shaw
NR. SWINDON
Wiltshire, England
Tel. 0793 771080

MANJUSHRI INSTITUTE

Die Gemeinschaft ist ein Teil der von Lama Thubten Yeshe und Lama Zopa Rinpoche weltweit begründeten buddhistischen Zentren. Hier haben 80 Leute zusammengefunden, um entsprechend den Lehren des tibetischen Buddhismus zu leben. Die Gemeinschaft bietet Kochkurse und workshops in Yoga, Meditation und der Alexander-Technik an. Haus, Gemüsegarten und botanischer Garten bieten ein ideales Setting für Rückzug und Ferienaufenthalte. Die Gemeinschaft betreibt eine Druckerei und einen Buchversand.

Manjushri Institute
Conishead Priory
Ulverston
CUMBRIA
England LA129QQ

Manjushri Institute
14 c Oseney Crescent
Kentish Town
LONDON NW5 2AY
Tel. 01 267 8929

MIDDLE PICCADILLY NEW AGE CENTRE

Kleine New Age Gemeinschaft, die verschiedene handwerkliche und ganzheitlich ausgerichtete Kurse anbietet.

Middle Piccadilly New Age Centre
Holwell
NR. SHERBORNE
Dorset DT9 5LW
Tel. 096 323 468

SALISBURY CENTRE

Meditations- und Handwerkszentrum am Stadtrand von Edinburgh gelegen. Workshops in Yoga, Tai Chi, Astrologie, Traumdeutung etc.
Regelmäßige Töpfer- und Webkurse.

Salisbury Centre
2 Salisbury Road
EDINBURGH EH 165AB
Tel. 031–667–5438
Schottland

SATYANANDA YOGA CENTRE

Das Zentrum veranstaltet regelmäßig Hatha Yoga und Meditationskurse. Die Kurse werden von Swami Samananda Saraswati geleitet.

Satyananda Yoga Centre
70 Thurleigh Road
LONDON SW 12
Tel. 01 673 4869

SIVANANDA YOGA VEDANTA CENTRE

Eine von Swami Vishnudevananda gegründete Yoga-Schule. Einführende Kurse in Yoga, Schwangerschafts-Yoga, Meditation, Fasten, vegetarisches Kochen und indischer Musik.

Sivananda Yoga Vedanta Centre
50 Chepstow Villas
LONDON W11
Tel. 01 229 7970

VIPASSANA MEDITIATION CENTRE

Chapter House liegt in dem kleinen Dorf Leverington in der Nähe von Wisbech. In einem ehemaligen georganischen Pfarrhaus untergebracht, ist heute ein Zentrum entstanden, das sich vorwiegend der Vipassana Meditation widmet. Eine kleine feste Gruppe organisiert das ganze Jahr über workshops und unterhält einen großen Obst- und Gemüsegarten. Die angebotenen workshops zentrieren sich in erster Linie um die Vipassana Meditation. Die Kurse werden von Dhiravamsa geleitet, auf dessen Initiative hin auch Chapter House entstanden ist. Daneben finden auch workshops in Tai Chi und Kung Fu statt.

Vipassana Meditation Centre
Chapter House
Gorefield Road
LEVERINGTON, WISBECH
Cambs, PE135AS
Tel. 0945–3838

WARDEN COURT

Zentrum für alternative Medizin und Selbsthilfe. Die Gruppe unterhält eine Klinik für Naturheilkunde, verschiedene handwerkliche Werkstätten und ein Cafe. 'Hilfe zur Selbsthilfe' ist eines der zentralen Lehrinhalte von Warden Court.

Warden Court
Presteigne
POWYS
Wales
Tel. 05444 205

FRANKREICH

ARCHE

Die Arche ist eine religiöse Gemeinschaft im französischen Zentralmassiv. Derzeit leben etwa 40 Erwachsene und 35 Kinder zusammen. Die Arche versorgt sich selbst. Auf 30 Hektar Land werden biologisches Getreide und Gemüse angebaut. Daneben existieren mehrere Handwerksbetriebe, so eine Schmiede, eine Töpferei, eine Druckerei und eine Weberei, in der sämtliche benötigten Kleider hergestellt werden. Die Produktionsmethoden werden bewußt einfach gehalten. Maschinelle Produktion wird nicht angewendet. Das private Eigentum ist völlig abgeschafft. Auch persönliche Gegenstände wie Kleider, Bücher und Möbel sind Gemeinschaftseigentum. Die Organisation der Arche ist einer Ordensgemeinschaft ähnlich. Gelübde, feste Lebensregeln sowie innere Disziplin sorgen für den starken Zusammenhalt der Gruppe. In den Ordensregeln wird ausdrücklich auf die patriarchalische Struktur der Arche hingewiesen.

Communautè de l' Arche
La Borie Noble
F-34260 LE BOUSQUET D' ORB

ATELIER DU VERSEAU

Vorträge und Konferenzen.
Workshops in Shiatsu, Hatha Yoga, Tai Chi.
Humanistische Psychologie.

Atelier du Verseau
18 Rue du Marechal Jaffre
F-13100 AIX EN PROVENCE

AURORE

Kleine neugegründete spirituelle Gemeinschaft in Südfrankreich. Die Gruppe besteht derzeit aus etwa 10 Personen und hat sich die Aufgabe gestellt, ein verlassenes Dorf wieder instandzusetzen. Es ist viel Platz für neue Menschen da.

Association Aurore
B.P. 8
Saint-Quentin-la-Poterie
F-30700 UZES

BRAQUET

Braquet ist ein 1977 von deutschen Auswanderern gegründetes kleines spirituelles Zentrum inmitten der leben 8 Personen in dem in völliger Abgeschiedenheit gelegenen Anwesen. Der Gebäudekomplex umfaßt mehrere Werkstätten, Meditationsräume und bietet Platz für ca. 50 Gäste. Das Zentrum ist spirituell nicht festgelegt. Braquet versteht sich als Ort der Begegnung. Neben der Teilnahme an handwerklichen und esoterisch ausgerichteten workshops ist es auch ein Platz, um einige Ferientage zu verbringen.

Braquet
Loubaut
F-09350 DAUMAZAN
Tel. (6) 169–8518

SUFI CAMP

Jeden Sommer findet in den französischen Alpen ein Sufi-Camp unter der Leitung von Pir Vilayat Khan statt. Der Camp-Ablauf erfolgt wochenweise in englisch und deutsch, bzw. in englisch und französisch.

Camp Omega
Chateau Queyras
F-05350 HAUTES-ALPES

Kontakt:
Omega Institute
23 rue de la Tuilerie
F-92150 SURESNES
Tel. (1) 544–7412

TERRE NOUVELLE

Spirituelle Gemeinschaft in der Provence. Seit 1977 wird ein nahezu ausgestorbenes kleines Bergdorf wieder bewohnbar gemacht. Das Dorf liegt völlig abgelegen, wird aber mittlerweile von zahlreichen Besuchern frequentiert. Zur Zeit lebt in Terre Nouvelle eine feste Gruppe von 10 Erwachsenen und 2 Kindern. In zwei großen Gärten wird biologisches Gemüse gezogen. Bienenvölker, Ziegenhaltung, Lavendelfelder, Marmeladenherstellung und Einnahmen aus Besucher-workshops während der Sommerzeit tragen zum Lebensunterhalt der Gruppe bei.

Terre Nouvelle
B. P. 52
F-05300 LARAGNE

UNIVERSITÉ VERTE

Alternative Universität 40 km südlich von Paris. Université Verte ging aus der Organisation 'Nature et Progres' hervor, deren Ziel es ist, eine harmonische Beziehung zwischen Mensch und Natur zu fördern.
Kurse und workshops in vegetarischem Kochen, Brotbacken, Kinderernährung, Massage, Gestalt, Meditation, biologischem Gartenbau, Kfz-Mechanik u.a.

Université Verte
Chateau de Chamarande
F-91730 CHAMARANDE
Tel. (6) 491–2480

GRIECHENLAND

SKYROS CENTRE

Das Therapie-, Freizeit- und Meditationszentrum auf der Insel Skyros ist nur während der Sommermonate von Juni bis Oktober offen. Workshops in Bioenergetik, Gestalt, Encounter, Tanz, Meditation, Massage, Tai Chi u.a. Gesunde Ernährung, Wassersport- und Bademöglichkeit.

Kontakt:
Dr. Dina Gloubermann
1 Fawley Road
London NW 6 1SL
Tel. 01 - 431 0867

HOLLAND

DE LIGHTBERGH

New Age Zentrum, gelegen in einem kleinen Dorf im Süden von Holland. Biologisch arbeitende Farm mit Gewächshaus. Workshops in Naturheilkunde, Massage, Gartenarbeit, Kreativität und Esoterik.

De Lightbergh
Eind 19
NL-5076 TD HAREN

EAST-WEST CENTRE

Makrobiotisches Zentrum in Amsterdam. Workshops über fernöstliche Heilkunde, Akupressur, Shiatsu, Massage und makrobiotisches Kochen. Dem Zentrum ist ein Naturkostladen angeschlossen.

East-West Centre
Achtergracht 17
NL-AMSTERDAM
Tel. 240203

HOBBITSTE

Bereits seit mehr als 10 Jahren lebt hier ein Dutzend Menschen in einem alten Bauernhaus zusammen. Die Gruppe lebt vom Verkauf von handgemachten Kerzen, biologischem Gemüse und gibt die Zeitschrift 'Waterman' heraus.

Hobbitste
WAPSERVEEN
Drente
Tel. 05213–329

KLEINE AARDE

Ein in Holland gelegenes Informationszentrum für sanfte Technologie. Die wichtigsten Arbeitsprojekte der rund 25 Mitglieder starken Gruppe sind ein Versuchs- und Lehrgarten in biologischem Anbau, Gewächshäuser, Windmühlen, eine Versuchsanlage zur Erzeugung von Methangas sowie die Herausgabe der vierteljährlich erscheinenden Zeitschrift 'De Kleine Aarde' mit einer mittlerweile verbreiteten Auflage von 25.000 Exemplaren. Öffentlichkeitsarbeit, insbesondere die Beratung und Ausbildung über Energie- und Ernährungsfragen, gehört zu den wichtigsten Zielen der Kleinen Aarde. Die hierzu regelmäßig durchgeführten Lehrgänge konzentrieren sich darauf, wie dem interessierten Kursteilnehmer ein bewußteres, gesünderes und billigeres Leben ermöglicht werden kann. Der Kleinen Aarde geht es nicht um die bloße Anwendung alternativer Energie, es geht ihr vielmehr darum, weniger Energie an sich zu verbrauchen. Kleintechnologie und Dezentralisation enthalten dazu die praktischen Möglichkeiten.
Um einem internationalen alternativen Tourismus keinen Vorschub zu leisten, werden alle Lehrgänge in holländischer Sprache abgehalten. Die Kleine Aarde versteht sich als Anregung, im eigenen Land ähnliche Modelle zu entwickeln.

De Kleine Aarde
Munsel 17
BOXTEL
Holland

KOSMOS

Kommunikations- und Meditationszentrum.
Restaurant, Teestube, Sauna, Bibliothek, Buchladen, Studio. Wöchentliche Kurse in Yoga, Tai Chi, Zen, Sufitanz, Aikido, Autogenem Training, Meditation, Zen, Astrologie u.a.

Meditatie Centrum de Kosmos
Prins Hendrikkade 142
NL-1011 AT AMSTERDAM

SATYAM SHIVAM SUNDARAM

Hinduistisches Zentrum auf der Grundlage der Chakren-Lehre. Workshops über Meditation, Massage, Kräuterheilkunde, Lauttherapie und indisches Kochen.

Satyam Shivam Sundaram
Heinzstraat 23 1
NL-AMSTERDAM
Tel. 73103

STILTEPUNT

Vorträge, Filme, workshops in Yoga, Meditation, Ökologie, Heilkunst und Psychotherapie.

Stichting Stiltepunt
Centrum voor Ontwikkeling en Bewustwording
Korte Houtstraat 20 B
NL-2511 CD DEN HAAG

TIDORP

Tidorp ist eine kleine international orientierte gemeinnützige Arbeits- und Lebensgemeinschaft auf der Insel Schouwen-Duiveland. Spirituelle Grundlage der Gruppe ist der Buddhismus.

Tidorp
Hoge Zoo, 79
BURGH-HAAMSTEDE (Z)
Tel. 01115–2355

ZERO

Städtisches Therapie- und Meditationszentrum. Filme, Vorträge, Kochkurse, Yoga, Tai Chi, Massage, Meditation und Encounter.
Dem Zentrum sind ein vegetarisches Restaurant und ein Öko-Laden angeschlossen.

Zero
Bakenessergracht 8
Postbus 695
NL-2003 RR HAARLEM
Tel. 023–322847

IRLAND

ATLANTIS

Atlantis gehört zu den bekanntesten Kommunen in Irland. Bereits Mitte der Siebziger Jahre machte die damals 30 bis 40 Personen starke Gruppe als eine an Wilhelm Reich orientierte therapeutische Kommune auf sich aufmerksam. Atlantis ist auf einer Insel beheimatet, auf der es keine Straßen und keine Elektrizität gibt. Derzeit leben 15 feste Mitglieder in Atlantis. Sie betreiben biologische Landwirtschaft, haben ein Gewächshaus, Ziegen, Hühner und ein großes Segelschiff. Die Gruppe lebt vegetarisch, ist jedoch nicht direkt spirituell orientiert.

Atlantis
Innishfree Island
BURTONPORT
Co. Donegal

BIHAR SCHOOL OF YOGA (IRELAND)

Regelmäßige Yogakurse und Ausbildung zum Yogalehrer. Auch Kurse in Belfast.

Bihar School of Yoga
31 Drumfad Road
MILLISLE BT 22 2JQ
Co. Down.
Tel. 861631

GLENCRAIG COMMUNITY

Glencraig ist eine anthroposophische Gemeinschaft und gehört zu der von Rudolf Steiner begründeten Camphill-Bewegung, die vornehmlich heilpädagogisch orientiert ist. Neben Glencraig gibt es mit BALLYTOBIK in Callan und DUFFCARRIG in der Nähe von Gorey noch zwei weitere Camphill-Dörfer in Irland. Geistig Behinderte leben und arbeiten mit Nicht-Behinderten zusammen. Die Gemeinschaft in Glencraig bewirtschaftet eine große biologisch-dynamische Farm mit Milchkühen, Hühnern und Bienen. Ein großer Gemüse- und Obstgarten versorgt Glencraig weitgehend selbst.

Glencraig Community
Graigavad
HOLYWOOD
Co. Down.
Tel. 3396
Kontaktperson: Ben Van Lieshout

INISGLAS TRUST

Die Gemeinschaft betreibt biologisch-dynamischen Gartenbau, eine Vollkornbäckerei, eine Mühle und unterhält eine kleine Ziegenherde.

Inisglas Trust
The Deeps
CROSSABEG
Co. Wexford
Tel. 053–28226

MOURNE GRANGE

Mourne Grange ist ein anthroposophisches Zentrum, das in erster Linie versucht, geistig behinderte Erwachsene in die Lebens- und Arbeitsgemeinschaft zu integrieren. Die Gruppe betreibt biologisch-dynamischen Gartenbau und unterhält eine Teestube sowie mehrere Werkstätten, darunter eine Töpferei und eine Weberei.

Mourne Grange
KILKELL
Co. Down.
Tel. 62228

NEW AGE CENTRES

Kleine Meditationsgruppe in Dublin, die einmal wöchentlich zusammen kommt.

New Age Centres
Kontakt: Elizabeth Healy
3 Idrone Tce
BLACKROCK
Co. Dublin
Tel. 01–880538

SAYA JI U BA KIN MEMORIAL TRUST

Das 1979 gegründete internationale Meditationszentrum ist nach der buddhistischen Theravada-Tradition ausgerichtet. Das Zentrum veranstaltet zehntägige Kurse in Vipassana-Meditation.

Saya ji U Ba Kin Memorial Trust
Splatts House
HEDDINGTON
Nr. Calne
Wilts.
Tel. 0380–850–238 (Bromham)

ITALIEN

BRESCI EDITORE

Verlag, der neben einer ganzen Reihe spiritueller Bücher einen italienisch-sprachigen "Internationalen Führer des Wassermann-Zeitalters" herausbringt. Außerdem die Adresse des "Italien Centre of the International Movement of the Aquarian Age".

Bresci Editore
Via Vespucci 41
I-10129 TORINO
Tel. 011–585214

CENTRO DELLA GIOIA

Meditationszentrum. Idyllisch gelegen am Südrand der Alpen in einem Tal mit Blick über den Comer See. Workshops in Hatha Yoga, Kriya Yoga. Ausbildung zum Yogalehrer. Die workshops werden größtenteils in englischer Sprache abgehalten, zum Teil auch in italienisch und deutsch.
Getragen wird das Zentrum von Mitgliedern von der in Kalifornien ansässigen Yogananda-Kommune 'Ananda Village' und Mitgliedern von Peki, einer aktiven katholischen Gemeinde in Sorrento, südlich von Neapel.
Möglichkeiten zu persönlichen retreats, Länge je nach Wunsch.

Centro della Gioia
Villa Rombolotti
I-22020 CERANO PER VEGLIO (CO)
Tel. 031–817824

SHIVANY FREE LAND INDIAN LOVE COMMUNE

Seit 1975 ist die Vorbereitung zum Aufbau einer kosmischen Stadt im Gange. Die Gemeinschaft will das Projekt 'Wassermann Zeitalter' in einem italienischen Alpental verwirklichen. Es werden noch Mitglieder hauptsächlich mit praktischen Fähigkeiten gesucht. Jeder, der sich für das Projekt interessiert, schreibt bitte in Englisch, Französisch oder Italienisch. Internationalen Antwortschein (auf jedem Postamt) beifügen!

Shivany Free Land Indian Love Commune
Projekt 'Wassermann Zeitalter'
c/o Piero Naselli
Casella Postale 39
I-94015 PIAZZA ARMERINA (EN)
Sicilia

3HO GURU RAM DAS ASHRAM

Ein nach Yogi Bhajan ausgerichteter Ashram (siehe auch 3HO Foundation, USA). Der Ashram in Rom veranstaltet Einführungen in Kundalini Yoga und organisiert workshops über Akupunktur, Astrologie, Homöopathie, Massage, Selbstverteidigung und Ernährung.

3HO Guru Ram Das Ashram
c/o Guru Meher Singh Khalsa
Via degli Spagnoli 24
I-00186 ROMA
Tel. 656 5805

NORWEGEN

BJØRNDALEN-KOLLEKTIVET

Landkommune mit biologischer Landwirtschaft.

Bjørndalen-Kollektivet
Stuestøl
N-4580 LYNGDAL

INTERNATIONAL COMMUNES NETWORK

Kontakt für Norwegen:
Alternativkulturens Informationsnett
Stein Jarving
P.O. Box 48
N-4901 TVEDESTRAND

MANDALA

Kleine Gemeinschaft in den Bergen Norwegens.
Therapie, Heilkunst und Meditation.
Ein Teil des Kursangebotes findet in englischer Sprache statt.

Mandala
Bauker Gard
N-2633 GAUSDAL
Tel. 062–27253

ÖSTERREICH

BUDDHISTISCHES KULTUR- UND MEDITATIONS-ZENTRUM SCHEIBBS

Seminare und workshops über Buddhismus und Selbsterfahrung. Große Bibliothek, Garten und vegetarische Küche. Das Zentrum gibt eine Zeitschrift heraus.

Buddhistisches Kultur- und Meditationszentrum Scheibbs
Ginselberg 12
A-3272 SCHEIBBS/Neustift
Tel. 07482–2412

BUDDHISTISCHES ZENTRUM

Kurse in Zen-Meditation, Tai Chi und Satipaahana-Meditation. Bibliothek, Naturkostladen und vegetarisches Restaurant. Im gleichen Haus befinden sich Buchhandlung und Verlag für spirituelle und alternative Literatur "Octopus".

Buddhistisches Zentrum
Fleischmarkt 16
A-1010 WIEN
Tel. 0222–523719

LICHTHEIMAT ASHRAM

Spirituelle Lebens- und Arbeitsgemeinschaft, die in Italien versucht, einen Selbstversorgerhof aufzubauen. Die

Gruppe betreibt einen Verlag ('Vegetarisch Kochen', 'Handbuch für Selbstversorger', 'Haltbarmach-Almanach') und gibt eine Zeitschrift heraus.
Die italienische Anschrift ist über den Verlag erfahrbar:

Verlag Lichtheimat
Teilenstraße 30
A-6890 LUSTENAU

SAMMAI-AN

Zen-Zentrum der Rinzai Schule (siehe auch Kin-Mo-Zendo in Berlin).

Sammai-An
Sängergasse 21
A-2512 TRIBUSWINKEL / Baden bei Wien
Tel. 02252–804663

STERNHOF

Kleine ländliche, familiäre spirituelle Gemeinschaft in der Steiermark. Die wirtschaftlichen Aktivitäten der Gruppe umfassen die Herstellung von handgesponnener Wolle, Naturkosmetik, Heilsalben, Teppiche und Schlafsäcke.

Sternhof
Kohlberg 1
A-8454 Arnfels
Tel. 3455-7715

POLEN

EIWA-ZENDO

Zen-Zentrum der Rinzai Schule (siehe auch Kin-Mo-Zendo in Berlin).

Eiwa-Zendo
c/o Marek kryda
ul. Kotobrzeska 67 E/12
80-396 GDANSK

SCHWEDEN

MODER JORD

In Moder Jord haben rund 30 bis 40 Menschen zusammengefunden, die Landwirtschaft betreiben, Wolle verarbeiten und in einer Wassermühle Getreideflocken fürs Müsli produzieren.

Moder Jord
Forshoct Väg 18
S-29010 TOLLART

SCANDINAVIAN YOGA AND MEDITATION SCHOOL

Verschiedene Kurse über Yoga, Tantra und Meditation. In einem Vier-Jahres-Kursus ist die Ausbildung zum Yoga-Lehrer möglich. Die Schule gibt die englischsprachige Zeitschrift 'Bindu' heraus.

Scandinavian Yoga and Meditation School
S-34013 HAMNEDA
Tel. 0372-55063

SCHWEIZ

CENTRE VEDANTIQUE

Europäisches Zentrum der Ramakrishna Mission. Vorträge über Vedanta-Philosophie in französischer Sprache. Meditation und spirituelle Unterweisung nach Vereinbarung.

Centre Vedantique
Chemin des Gravannes 9
CH-1246 CORSIER
Kanton Genf
Tel. 02251 2224

GENOSSENSCHAFT GYANDIP

Großgruppe der Neo Sannyas Bewegung des Bhagwan Shree Rajneesh mit mehreren Projekten wie Buchvertrieb und -versand, Sauna, Solarium, Juice Bar und Restaurant, Boutique. Angeboten werden täglich Meditation, sowie Selbsterfahrungsgruppen, Kurse, Abendveranstaltungen und Einzelsitzungen (z.B. Shiatsu, Massage, Rebirthing).
Adressen anderer Rajneesh Sannyas Ashrams und Zentren sind hier zu erfragen!

GYANDIP
Rajneesh Meditations Center
Baumackerstraße 42
Postfach
CH-8050 ZÜRICH
Tel. 01–312 16 00

MONTE VUALA

Monte Vuala ist ein Therapie-, Freizeit- und Kommunikationszentrum, gelegen in einem kleinen Dorf inmitten der Schweizer Bergwelt. Das Zentrum wird genossenschaftlich geführt. Das Haus verfügt über mehr als 20 Zimmer, verschiedene Aufenthalts-, Kurs und Meditationsräume und eine Schreinerwerkstatt. Monte Vuala hat ein umfangreiches Kursangebot: Shiatsu, Massage, Polarity, Alexander-Technik, Atemtherapie, Bach-Blumen-Essenzen, Heilpflanzen, Ernährungslehre, Mantras, sacred Dance, Astrologie u.a. Das Haus ist auch für Kur- und Ferienaufenthalte geeignet. Das Essen ist vegetarisch und vollwertig. 'Die Sorgfalt in der Arbeit, die Liebe im zwischenmenschlichen Bereich, die Verbundenheit in der geistigen Ebene soll ein täglicher Ausdruck in unserem Haus sein.'

Monte Vuala
CH-8881 WALENSTADTBERG
Tel. 085–35115

THARPA CHOELING

Zentrum für tibetische Studien.

Tharpa Choeling
CH-1801 LE MONT – PELERIN
Tel. 021–517798 und 517881

TIBET INSTITUT

Von Exil-Tibetern aufgebautes Kloster im traditionellen Stil mit Bibliothek und Studienmöglichkeit z.B. für Tibetologen und Ethnologen, sowie verschiedene Kursprogramme für jedermann.

Tibet Institut
CH-8486 RIKON im Tösstal

SPANIEN

EL BLOQUE

Ursprünglich eine ausschließlich auf Farmarbeit ausgerichtete Gemeinschaft. Seit 1981 ist El Bloque ein Zentrum für Kommunikation, Erziehung und Freizeit. Es wird von Holländern unterhalten. Workshops in Gestalttherapie und Psychosynthese in holländischer und englischer Sprache. Kontakte zur schottischen Findhorn Gemeinschaft.

El Bloque
Apartado 51
LA NUCIA (Alicante)

Kontakt in Holland:
Secretariat El Bloque
Franciscahoeve 38
NL-2804 HR GOUDA

AMERIKA

USA

ABODE OF THE MESSAGE

Abode of the Message liegt im Staate New York an der Grenze zu Massachusetts auf einem Gelände von 180 Hektar Land. 1975 zogen die ersten Mitglieder in die 150 Jahre alte von den Shakern aufgegebene Siedlung ein. Inspiriert durch die Lehren des Sufimeisters Hazrat Inayat Khan und unter der Regie von Pir Vilayat Inayat Khan, dem derzeitigen Leiter des Sufiordens, leben gegenwärtig etwa 60 Erwachsene und rund 25 Kinder auf der weitläufigen Farm zusammen. Die Kinder werden in der eigenen Schule unterrichtet. Zu den von der Kommune gemeinsam betriebenen Aktivitäten gehören eine kleine Klinik, Bäckerei, Naturkostladen, Autowerkstatt und ein Geschäft mit Holzfeuerungsöfen. Die Arbeit in den kommuneeigenen Betrieben wird bezahlt. Für Unterkunft und Verpflegung auf der Farm wird ein monatlich festgesetzter Betrag entrichtet, ein Teil des Lohns fließt ebenfalls in die Gemeinschaftskasse der Kommune um infrastrukturelle Projekte auszubauen. Der Sufitradition entsprechend spielen Tanz und Musik im Leben der Gruppe eine bedeutsame Rolle. Jährlich organisierte Sommerkurse bieten workshops in Musik, Heilkunde, Erziehung, biologischer Landwirtschaft, philosophischen Studien sowie von Pir Vilayat angeleitete Meditationscamps an.

Abode of the Message
P.O. Box 396
NEW LEBANON, N.Y. 12125
U.S.A.

ALPHA FARM

Eine urprünglich von den Quäkern beeinflußte Kommune im ländlichen Oregon. Die 15 festen Mitglieder leben auf einer 10 Hektar großen Farm zusammen. Den Lebensunterhalt verdient sich die Gruppe in erster Linie durch die Abfertigung des lokalen Postdienstes.

Alpha Farm
DEADWOOD, Oregon 97430
U.S.A.

ANANDA ASHRAM

Eine nach dem Gründer Shri Ramamurti Mishra ausgerichtete Gemeinschaft. Der Ashram besteht bereits seit 1964. Er liegt eine Autostunde von New York City entfernt und zählt rund 40 feste Mitglieder.
Intensive workshops in Kundalini und Raja Yoga.

Ananda Ashram
Box 805
MONROE, N.Y. 10950
Tel. (914) 783–1084

ANANDA VILLAGE

Eine 1968 von Swami Kriyananda, einem Schüler von Paramahansa Yogananda, gegründete spirituelle Kommune in Kalifornien. Auf dem rund 280 Hektar großen Dorfgelände inmitten der Sierra Nevada leben mittlerweile 150 Einwohner. Zu den vielfältigen Aktivitäten von Ananda gehören biologische Landwirtschaft, Milch-

wirtschaft, Bienenhaltung, ein kleines Sägewerk, die Herstellung von Räucherstäbchen und Duftölen, ein vegetarisches Restaurant sowie eine kommuneeigene Schule. Mit Hilfe von in der eigenen Druckerei hergestellten Büchern, durch Schallplatten und Kasetten versucht die stark yogaorientierte Kommune, ihre spezifische Botschaft zu verbreiten. Yogakurse, die Ausbildung zum Yogalehrer und ein breit gefächertes Studienprogramm zu vegetarischer Küche, biologischer Landwirtschaft, Naturheilkunde und Ernährung bieten dem interessierten Besucher ein reichhaltiges Programm.
Gegenwärtig ist Ananda Village darum bemüht, den rechtlichen Status einer Stadt zu erhalten.

Ananda Cooperative Village
900 Alleghany Star Route
NEVADA CITY, CA 95959
Tel. (916) 265–5877

ANCIENT BUILDERS

Ancient Builders ging aus der ehemaligen Sunburst Community hervor, die 1969 von dem Yogananda-Schüler Norman Paulsen gegründet wurde. Sunburst bewirtschaftete im südlichen Kalifornien direkt an der Küste eine paradiesisch gelegene Farm mit intensivem biologischem Gemüseanbau, ausgedehnten Obstplantagen mit Zitrusfrüchten und Weinbergen und der Zucht von Schafen, Ziegen, Kühen und Pferden. Durch die Herstellung von Naturkost und eine Kette von Naturkostläden erlangte die Gemeinschaft eine außerordentliche ökonomische Stabilität. Zu Anfang der achtziger Jahre wuchs die Gemeinschaft auf 200 Menschen an. Einer Vision von

Norman Paulsen folgend wurde die Farm in Kalifornien schließlich aufgelöst und verkauft, um im unwegsamen und rauhen, wüstenhaften aber wasserreichen nordöstlichen Nevada ein neues Domizil zu finden. Das milde kalifornische Klima wurde mit einem Platz mit harten Wintern vertauscht. Auf der neuen Farm in Nevada mit etwa 100000 Hektar (!) Land soll fortan ein totales Selbstversorgerleben geführt werden. "Die Wüste soll aufblühen wie eine Rose."

Kontakt:
Ancient Builders
77 'E' Street
SALT LAKE CITY, Utah 84103
Tel. (801) 363–1222

ARCOSANTI

Inmitten der Wüstenlandschaft Arizonas entsteht seit 1970 eine alternative, nach ökologischen Prinzipien ausgerichtete Stadt. Das von dem Architekten Paolo Soleri konzipierte Arcosanti gehört zu den bekanntesten und wohl auch ausgefallensten Öko-projekten. Die außergewöhnliche architektonische Gestaltung sieht vor, daß die zukünftige Stadtanlage auf engstem Raum angelegt ist. Sie soll sich über 25 Stockwerke hinweg dreidimensional über die Wüste erheben. Arcosanti ist als Prototyp einer Zukunftsstadt geplant, die für 5.000 Menschen Wohn-, Arbeits- und Lebensbereich sein soll. Ein nur anderthalb Hektar großes Gewächshaus wird als ausreichend angesehen, die Versorgung mit Nahrungsmitteln sicher zu stellen. Daß Paolo Soleri's Stadtkonzeption mehr ist als nur ein kühner Wunschtraum zur Vermeidung von Überbevölkerung, Umweltverschmutzung, Energieknappheit und großflächigen, unüberschaubar gewordenen Millionenstädten, zeigen die laufenden praktischen Aufbauarbeiten. Gegenwärtig lebt bereits eine Gruppe von 40 Menschen in den ersten fertiggestellten Wohneinheiten. Die bisher sichtbaren Anfänge – drei bis vier Stockwerke hohe kunstvoll ineinander übergehende Betonwaben – vermitteln bereits einen imposanten Einblick in das Projekt. Die endgültigen Dimensionen von Arcosanti können bisher jedoch nur erahnt werden. Ein beträchtlicher Teil der Finanzierung kommt durch Einnahmen aus workshops zusammen. Von den permanenten Bewohnern angeleitete 6-wöchige Kurse machen interessierte Studenten mit allen praktischen Arbeiten im Hausbau, der Anwendung von Sonnenenergie, der Arbeit im Gewächshaus sowie der Zusammenarbeit in einer Großgruppe bekannt.

Cosanti Foundation
6433 Doubletree Road
SCOTTSDALE, Arizona 85253
Tel. (602) 948–6145

BEAR TRIBE

Eine um den Chippewa Medizinmann Sun Bear entstandene Gruppe. Bear Tribe organisiert 4-Tage-workshops, die Vorträge über indianische Philosophie und Naturheilkunde ebenso beinhalten wie Farmarbeit und die Teilnahme an indianischen Riten (Gebete, Schwitzhütten, Pfeifenzeremonie etc.). Die Gruppe veröffentlicht die zweimal jährlich erscheinende Zeitschrift "Many Smokes".

Bear Tribe Medicine Society
P.O. Box 9167
SPOKANE, Washington 99209
U.S.A.

BREITENBUSH COMMUNITY

Breitenbush ist eine in den Cascade Bergen östlich von Salem gelegene heiße Mineralquelle. Vor 8 Jahren begann eine Gruppe von Leuten, den Platz zu einem Heil- und Konferenzzentrum auszubauen. Die Gemeinschaft umfaßt heute etwa 25 Erwachsene und Kinder. Es wird versucht, die Mineralquellen nicht ausschließlich als kommerzielles Unternehmen zu betreiben, sondern verschiedenen Gruppen die Möglichkeit zu geben für Meditationscamps, Heilkunde-workshops und meetings.

Breitenbush Community
P.O.Box 578
DETROIT, Oregon 97342
Tel. (503) 854–3501

CAMPHILL VILLAGE

Kimberton Hills ist eine landwirtschaftliche Dorfgemeinschaft die nach den Ideen Rudolf Steiner's ausgerichtet ist. Die Dorfgemeinschaft ging aus der heilpädagogisch orientierten Camphill-Bewegung hervor, die schon seit mehr als 40 Jahren Institutionen zur Erziehung und Betreuung geistig behinderter Kinder unterhält. Grundgedanke der Camphill-Gemeinschaften ist es, den geistig behinderten heranwachsenden Kindern und Jugendlichen auch im Erwachsenenalter einen ihren Fähigkeiten entsprechenden Lebensraum zu schaffen. Kimberton Hills zählt etwas mehr als 100 Einwohner, davon sind etwas weniger als die Hälfte geistig Behinderte. Die geistig Behinderten leben in kleinen Haushalten mit normalen Familien zusammen. Die biologisch-dynamische Wirtschaftsweise bildet die Grundlage der Landwirtschaft. Es wird in großem Stil Getreide und Gemüse angebaut sowie intensive Milchwirtschaft betrieben. Eine Ausbildungsstätte zur Heranbildung ökologisch orientierter Landwirte ist im Aufbau.

Camphill Village
KIMBERTON HILLS, PA 19442
U.S.A.

CIMMARRON ZEN CENTER

Zen Center der Rinzai-Schule. Gegründet von Joshu Sasaju Roshi. Dem Zen Center in Los Angeles ist das Mt. Baldy Zen Center angeschlossen, welches das ganze Jahr für Kurse offen steht. Dreimonatige Intensivkurse in zazen, sanzen und daisesshin.

Rinzai-Ji
2505 Cimmaron St.
LOS ANGELES, CA 90018
Tel. (213) 732–2263

CRACK OF DAWN

Kleine spirituelle Gemeinschaft von sechs Menschen in den Cascade Bergen, etwa 35 km östlich von Ashland mit Blick auf Mt. Shasta. Das Land gehört allen gemeinsam. Alle Mitglieder haben separate Unterkünfte, ein Gemeinschaftszentrum ist im Aufbau. Die Philosophie der Gruppe basiert im wesentlichen darauf, in Harmonie mit der Natur und sich selbst zu leben. Die Interessen umfassen Mittlere Technologie, Gartenbau, Forstwirtschaft, Heilkunde, Umweltschutz und indianische Spiritualität. Die Gemeinschaft ist offen für neue Mitglieder.

Crack of Dawn
15797 Highway 66
ASHLAND, Oregon 97520

DOREA PEACE COMMUNITY

Eine kleine aktive Gemeinschaft im Nordosten von Wisconsin. Die Aktivitäten der Gruppe konzentrieren sich in erster Linie auf Friedensarbeit und gewaltlose Konfliktlösungsmodelle. Die Gemeinschaft bewirtschaftet einen Gemüse-, Kräuter- und Obstgarten und experimentiert mit Sonnen- und Windenergie. Kleine Meditationshütten stehen für Ruhe und Beschaulichkeit zur Verfügung. Die Gruppe lebt nach dem Wahlspruch "Noch ist Hoffnung möglich". Platz für Gäste und neue Menschen ist vorhanden.

Dorea Peace Community
Rt. 2, Box 161
TURTLE LAKE, Wisconsin 54889
Tel. (715) 268–2816

ESALEN

Esalen war Anfang der 60iger Jahre Ausgangspunkt für die massenhafte Verbreitung der Gruppentherapie. Während der ersten Jahre in Esalen lag der Schwerpunkt des Therapieangebotes noch vornehmlich auf gestalttherapeutischen, bioenergetischen und gruppendynamischen Methoden der Persönlichkeitsentwicklung, wie sie insbesondere von Abraham Maslow, Fritz Perls und Carl Rogers entwickelt wurden. Mit der Einführung von Meditation, Yoga sowie östlichen Selbstverteidigungstechniken und Massageformen entstanden schließlich fließende Übergänge zwischen westlicher Psychotherapie und östlicher Weisheit. Esalen versteht sich heute als ganzheitliches Zentrum, in dem versucht wird, Körper, Geist und Natur miteinander zu verbinden. In ergänzenden Programmen werden Kurse in biologischem Gartenbau, Medizin, Geburtenhilfe, Astrologie und verschiedene handwerkliche und künstlerische workshops angeboten.

Esalen
BIG SUR, CA 93920
U.S.A.
Tel. (408) 667–2335

THE FARM

The Farm
156 Drakes Lane
SUMMERTOWN, TN 38483
U.S.A.
Tel. (615) 964–3575

Siehe Seite 81.

GOD'S VALLEY

Das Tal Gottes liegt inmitten des Hügellandes im Süden von Indiana. Es wurde bereits 1966 gegründet und beherbergt gegenwärtig 200 Einwohner. Die wirtschaftliche Basis der Gemeinschaft ist ein Sägewerk und die Herstellung von Blockhäusern. Die Gemeinschaft unterhält ihre eigene Schule, Bäckerei, Großküche und einen Handwerksladen. God's Valley ist spirituell ausgerichtet, es ist nicht konfessionell festgelegt und offen für alle. Jedes Jahr im Sommer findet ein meeting statt, um alle New Age Gruppen der Region, die sich mit alternativer Lebensweise, Selbstversorgung, Heilkunde und spirituellen und weltanschaulichen Fragen befassen, zusammen zu bringen.

God's Valley
R.R. 1 Box 478
WILLIAMS, Indiana 47470

Kontaktperson: Rachel Summerton

GREVN MADAINN

Spirituelle Gemeinschaft auf der Grundlage natürlicher Lebensführung, Gartenbau, Heilkunde und Selbsterfahrung.

Grevn Madainn Foundation Inc.
Route 2, Box 200
ROBBINSVILLE, North Carolina 28771
Tel. (704) 479 6767

HANUMAN FOUNDATION

Die von Ram Dass gegründete Organisation hat das Ziel durch pädagogische Arbeit spirituelles Wissen zu verbreiten. Die beiden wichtigsten Projekte der Hanuman Foundation sind das Prison Ashram Projekt und das Dying Projekt: Das Prison Ashram Projekt hat es sich zur Aufgabe gemacht, Yoga und Meditation im Gefängnissen und psychiatrischen Institutionen zu verbreiten. Das Dying Projekt versucht den Prozeß des Sterbens bewußter zu machen.

Hanuman Foundation
Box 1558
BOULDER, Colorado 80306
U.S.A.

HARBIN HOT SPRINGS

New Age Gemeinschaft in einem Tal mit heißen Quellen in Nordkalifornien. Die Gruppe zählt etwa 50 Mitglieder. Wesentliche Aktivitäten sind retreats, workshops, Heilkunde, Gartenarbeit und Schule. Der Gemeinschaft sind angeschlossen ein Massageinstitut, Shiatsuzentrum und ein East West Center (Makrobiotik).

Harbin Hot Springs
P.O.Box 82
MIDDLETOWN, California 95461
Tel. (707) 987–3747

HEALING WATERS

Ursprünglich wurden die in der Wüste Arizonas gelegenen heißen Mineralquellen von nomadischen Apachenstämmen benutzt. Seit 1975 werden die heißen Quellen von einer Gruppe von New Age Leuten betrieben, die stark mit Geist und Tradition der amerikanischen Ureinwohner, insbesondere mit den Hopi-Indianern, verbunden sind. Healing Waters versteht sich als Entgiftungszentrum für Geist und Körper. Im Laufe der letzten Jahre avancierten die Quellen zum Kurzentrum der amerikanischen Gegenkultur. Die jährlich abgehaltenen "Spring Equinox Healing Gatherings" ziehen jedesmal an die 600 Teilnehmer an. Heiße Bäder, Fastenkuren, Diätkuren mit ausschließlich Rohkost und Sprossennahrung werden in den Gatherings durch ein Angebot an verschiedenen workshops wie beispielsweise Chiropraktik, Rebirthing, Tanz und Massage ergänzt. Meditation, Sonnenaufgangszeremonien, Lieder und Gebete, körperliche Nähe, Freikörperkultur und indianische Schwitzhütten gehören ebenso selbstverständlich zum Rahmenprogramm von Healing Waters. Die Quellen werden von 20-25 festen Bewohnern gemanagt. "Keine Drogen, keine Gurus, keine Autoritäten" ist eine der Grundregeln der Gruppe. "Wir sind alle Lehrer und Schüler zugleich."

Healing Waters / Indian Hot Springs
P.O. Box 847
EDEN, Arizona 85535
Tel. (602) 485–2008

INSIGHT MEDITATION SOCIETY

Ein 1975 gegründetes Vipassana Meditationszentrum. Einführende Wochenendkurse, 7 – 14 Tage retreats bis hin zu Dreimonatskursen.

Insight Meditation Society
Pleasant Street
BARRE, MA 01005
Tel. (617) 355–4378

JEMEZ BODHI MANDALA

Ein nach der Rinzai- Schule ausgerichtetes Zen-Zentrum. Es sind einführende Wochenendkurse sowie auch längere, intensive Zen-Studien möglich.

Jemez Bodhi Mandala
P.O.Box 8
JEMEZ SPRINGS, New Mexico 87025
Tel. (505) 829 3854

KARME CHOLING

Wurde 1970 nach der Ankunft des tibetischen Lamas Chögyam Trungpa in Amerika gegründet. Neben der buddhistischen Universität in Boulder ist Karme Choling mit eines der wichtigsten Zentren des tibetischen Buddhismus in Amerika. Das ganze Jahr über finden in der ländlichen Abgeschiedenheit Vermonts zahlreiche Studienprogramme statt.

Karme Choling
BARNET, Vermont 05821
Tel. (802) 633–2384

KOIONIA

1951 gegründet. Christlich orientiert.
Rund 40 Mitglieder.

Koinonia
P.O. Box 5744
PIKESVILLE, Maryland 21208
U.S.A.
Tel. (301) 486–6262

KRIPALU CENTER

Gegründet von Yogi Amrit Desai. In dem auf dem Lande gelegenen Ashram leben derzeit 150 Bewohner. Zu einem Schwerpunkt des Ashrams gehört Kundalini Yoga. Makrobiotisch orientierte vegetarische Küche.

Kripalu Center
Box 774
LENOX, MA 01240
Tel. (413) 637–3280

KUSHI INSTITUTE

Zentrum der makrobiotischen Bewegung in Amerika. Kurse in Heilkunde, orientalischer Philosophie, Shiatsu und makrobiotischem Kochen.

Kushi Institute
P.O. Box 1100
BROOKLINE, MA 02147
Tel. (617) 731–0564

LAMA FOUNDATION

Lama Foundation
Box 444
SAN CRISTOBAL, New Mexico 87564

LINDISFARNE

1972 von dem Historiker William Irwin Thompson gegründet. Schulungszentrum.

Lindisfarne Institute
Baca Grande Ranch
CRESTONE, Colorado 81131

MATAGIRI

Nach dem Integralen Yoga Sri Aurobindos orientierte Gemeinschaft. Vierteljahreszeitschrift "Collaboration".

Matagiri
MT.TEMPER, N.Y. 12457
Tel. (914) 679–8322

MAUI HIGH

New Age Zentrum auf Hawaii. Retreats und workshops in Yoga, Akupunktur, Chiropraktik, Massage u.a.

Maui High
880 Hana Highway
HAIKU, Hawaii 98708
Tel. (808) 572–9102

META TANTAY INDIAN FOUNDATION

Eine um den Cherokee Medizinmann Rolling Thunder entstandene Gemeinschaft, deren Ziel es ist, die traditionelle indianische Lebensweise wieder neu zu beleben. Workcamps (Hausbau, Gartenarbeit, Perlenweberei, Holzschnitzen, Lederarbeit, Silberschmuck etc.).

Rolling Thunder
Box 707
CARLIN, Nev 89822
U.S.A.

MOUNTAIN GROVE

Kleine Kommune von 25 Leuten inmitten der Wälder im südlichen Oregon. Mountain Grove ist von den Ideen Krishnamurtis beeinflußt.

Mountain Grove
Box 22
New Highway 99 North
GLENDALE, Oregon 97442
U.S.A.
Tel. (503) 832–2211

NAROPA INSTITUTE

Seit 1974 hat sich das von Chögyam Trungpa gegründete Naropa Institute zum größten buddhistischen Schulungszentrum im Westen entwickelt. Jeden Sommer nehmen rund 1000 Teilnehmer an mehr als 200 verschiedenen Kursen und workshops teil. Tanz, Kunst, Theater, Psychologie und buddhistische Studien stehen dabei im Vordergrund. In ganzjährigen Lehrgängen sind graduierte Abschlüsse (B.A. und M.A.) in buddhistischer Philosophie und buddhistischer Psychologie möglich.

Naropa Institute
1111 Pearl Street
BOULDER, Colorado 80302
U.S.A.
Tel. (303) 444–0202

NORTHERN PINES

Ganzheitliches Therapie- und Gesundheitszentrum, gelegen in Maine, dem nordöstlichsten Zipfel der Vereinigten Staaten.
Fastenkurse, Ernährung, Polarity, Reflexologie, Yoga. Freizeitaktivitäten wie Sauna, Schwimmen, Segeln, Kanu.

Northern Pines
Box 279 A
Rte. 86
RAYMOND, Maine 04071
Tel. (207) 655–7624

ODIYAN

Siehe unter Tibetan Nyingma Meditation Center, USA.

OJAI FOUNDATION

90 Meilen nördlich von Los Angeles gelegenes ländliches Schulungszentrum. Das Zentrum wurde 1980 unter Mitwirkung der bekannten Anthropologin Joan Halifax (Stimme der Schamanen) ins Leben gerufen. Die mittlerweile 15 Personen starke Gemeinschaft versucht das rund 16 Hektar große Stück Land so natürlich wie möglich zu bewahren. Dank des milden Klimas bedurfte es bisher nur wenige feste Gebäuden wie Küche und sanitäre Anlagen. Neben der Organisation von workshops sind Gartenbau und Töpferei weitere Aktivitäten der Gruppe. Die veranstalteten workshops über Yoga, Meditation, Ökologie und schamanistische Lehren finden in einer großen indianischen Yurte statt. In Ojai hielten bereits so namhafte Personen wie Peter Caddy, John C. Lilly und Allen Ginsberg workshops ab.

Ojai Foundation
P.O. Box 1620
OJAI, CA 93023
Tel. (805) 646–8343

RAINBOW NATION

Seit 1971 kommen jährlich in der ersten Juliwoche Einzelne, Gruppen und Kommunen zum Rainbow Family Gathering zusammen. Ursprüngliche Idee des Festivals war es, die Kommunikation unter den aus der Hippiescene entstandenen Kommunen, Familien und Stämmen zu fördern. Das Festival findet jedes Jahr in einem anderen Teil der Vereinigten Staaten statt. Es wird immer auf einem möglichst unberührten Stück Natur abgehalten. In manchen Jahren kamen bis zu 20.000 Festival-Teilnehmer zusammen. Das Festival ist der

Form nach indianischen Stammestreffen nachgeahmt. Indianische Tipis, Schwitzhütten, Trommeln und Lagerfeuer bilden den äußeren Rahmen, dazu gibt es workshops, New Games, alternative Technologie und viel Musik und Theater. Einer der Grundsätze des Rainbow Gatherings ist der freie Zugang, die kostenlose Verpflegung und medizinische Versorgung aller Teilnehmer. Getragen und vorbereitet wird das Festival von Großkommunen wie der Love Family, Hog Farm, New Vrindaban oder neuerdings auch von der Farm in Tennessee.

Rainbow Nation
Box 5577
EUGENE, OR 97405
U.S.A.

RAJNEESHPURAM

Im Herzen von Oregon, nahe dem kleinen Städtchen Antelope, liegt ein etwa 250 qkm großes Farmgelände, auf dem im Laufe der nächsten Jahre eine der größten spirituellen Kommunen entstehen soll. Nach der Auflösung des Ashrams in Poona im Sommer 1981 hat nun Rajneeshpuram in Oregon die Rolle des neuen Zentrums der Sannyas-Bewegung übernommen. Die schnell wachsende Siedlung beherbergt heute bereits mehrere hundert Schüler des indischen Gurus Bhagwan Shree Rajneesh. In Rajneeshpuram sollen einmal 1500 bis 2000 Sannyasins ein neues zu Hause finden. Der seit seiner Auswanderung aus Indien schweigende Bhagwan lebt selbst ebenfalls in Rajneeshpuram. Hier laufen alle Fäden der über 500 Bhagwan-Zentren in aller Welt zusammen. Mit derzeit mehr als 200.000 Schülern zählt die Sannyas-Bewegung zu den größten spirituellen Massenbewegungen unserer Zeit. Bhagwan verstand es wie kein anderer, östliche spirituelle Traditionen mit den Methoden westlicher Psychotherapie zu verbinden. Hierin liegt wohl in erster Linie seine weltweite Anziehungskraft begründet.

RAJNEESHPURAM
P.O.Box 5
Oregon 97741
Tel. (503) 489–3411

RENAISSANCE

Spirituelle Kommune im Nordwesten Massachusetts gelegen. Seit 1968 entwickelte sich die Gemeinschaft mit mittlerweile über 150 Mitgliedern zu einer der größten und aktivsten Kommunen in Nordamerika. Renaissance ist eines der wenigen Projekte, das sowohl auf dem Lande als auch in der Stadt angesiedelt ist. Die ländliche Farm in Gill entwickelt sich mehr und mehr zu einem selbstversorgenden Dorf mit Landwirtschaft, Obstbau, handwerklichen Werkstätten und Autowerkstatt. Die Energieversorgung wird immer mehr durch Sonnenenergie, von Windmühlen betriebenen Motoren und Holzfeuerung abgedeckt. In dem kleinen Städtchen Turners Falls betreibt die Kommune eine Vielzahl von Geschäften und Restaurants. Zu einem einträglichen finanziellen Unternehmen entwickelte sich insbesondere die Produktion von Grußkarten. In einem voll ausgerüsteten 8-Spur-Ton-Studio produziert Renaissance ihre eigene Radioshow, die einmal die Woche über 25 Radiostationen im ganzen Land ausgestrahlt wird.

Renaissance Community
Box 112
TURNERS FALLS, Massachusetts 01376
U.S.A.
Tel. (413) 863–9711

SHASTA ABBEY

Zen Kloster unter der Leitung von Jiyu-Kennett Roshi.

Shasta Abbey
P.O. Box 478
MT. SHASTA, CA 96067
Tel. (916) 926–4208

SIRIUS

Sirius wurde 1978 von vier ehemaligen Findhorn-Mitgliedern gegründet und ist stark nach dem schottischen Vorbild orientiert. In der ländlichen Kommune leben heute 25 Erwachsene und 12 Kinder. Ein großer biologisch bewirtschafteter Garten versorgt die Gemeinschaft sowie die zahlreichen Gäste mit frischem Gemüse. Sirius betreibt eine auf Solarerergie spezialisierte Baufirma, eine Baumschule, einen Buch- und Kassettenvertrieb und veranstaltet Seminare und workshops.

Sirius Community
P.O. Box 388
AMHERST, Massachusetts 01004
U.S.A.
Tel. (413) 256–8015

SIVANANDA ASHRAM YOGA RETREAT

Ein 1967 von Vishnudevananda, einem Schüler von Sivananda, gegründetes Yogazentrum. Der Ashram versucht, Freizeitgestaltung und Yoga miteinander zu verbinden. Neben Yoga, Atemübungen und Meditation wird im Tages-

ablauf genügend Spielraum gelassen, den besonderen Reiz der karibischen Inselwelt zu erleben. Das Zentrum ist das ganze Jahr offen. Jeden Februar findet ein vierwöchiger Trainingskurs zum Yogalehrer statt. Der Lehrplan umfaßt Asanas, Pranayama, Mantra und Japa Yoga, Meditationstechniken,Vedanta Philosophie, Bhagavadgita, Ernährungslehre und Karma Yoga.
Der Ashram hat lediglich einen Schönheitsfehler: Entsprechend dem hohen Lebensstandard auf den Bahamas ist auch der Aufenthalt im Yoga Retreat nicht gerade billig.

Sivananda Ashram Yoga Retreat
P.O.Box N 7750
Paradise Island
NASSAU, Bahamas
Tel. (809) 326–2902

STILLPOINT

Stillpoint ist eine um Gia fu Feng entstandene Gruppe, die in den hügeligen Ausläufern der Rocky Mountains, 90 km südlich von Colorado Springs beheimatet ist.
Der 1919 in Shanghai geborene Chinese kam während der Wirren des chinesischen Bürgerkrieges in die Vereinigten Staaten. Das Esalen Institute in Kalifornien wurde für den taoistischen Tai Chi Meister Ausgangspunkt einer mittlerweile weltumspannenden Lehrtätigkeit. Gia fu verstand es, altchinesische Traditionen mit den Techniken westlicher Psychotherapie zu verbinden. Die traditionelle Seite findet im Unterricht von Tai Chi, Kung Fu, Kalligraphie und Akupunktur ihren Ausdruck. Philosophischer Hintergrund bildet die altchinesische Lehre vom Tao. Neben angewandten Techniken aus Gestalttherapie, Bioenergetik und Encounter finden sich bei Gia fu auch Einflüsse von Wilhelm Reich wieder. Über die Praxis von

Tai Chi hinaus sind die workshops mit Gia fu eine umfassende Vermittlung von Philosophie, Kunst, Heilkunde, Therapie und Ernährungslehre.
Während der Sommermonate finden in verschiedenen Ländern Europas workshops mit Gia fu statt. Im Winter ist ein dreimonatiges Intensivstudium in Stillpoint, Colorade möglich.

Stillpoint
WETMORE, Colorado 81253
U.S.A.

Kontakt für Deutschland:
Stillpoint
c/o Yürgen Oster & Bernd Bartsch
Gut Neuhof 14
6301 LEIHGESTERN
Tel. 06403–62965

STILLPOINT INSTITUTE

1972 gegründete nicht-kommerzielle Organisation in der buddhistischen Tradition mit Kursen zur Vipassana Meditation. Alles ohne Gebühren.

Stillpoint Institute
2740 Greenwich 416
SAN FRANCISCO, CA 94123
Tel. (415) 921–4471

SUNRAY MEDITATION SOCIETY

Ein von der Cherokee Indianerin Dhyani Ywakoo gegründetes Zentrum, in dem spirituelle Traditionen der Indianer gepflegt werden. Workshops in Heilkunde und Kosmologie.

Sunray Meditation Society
Rd 1, Box 87
HUNTINGTON, Vermont 05462
Tel. (802) 434–3685

SYDA FOUNDATION

Amerikanisches Zentrum des im Herbst 1982 in Indien verstorbenen Swami Muktananda. Theorie und Praxis des Siddha Yoga. Die Gesellschaft veröffentlicht die monatliche Zeitschrift 'The Siddha Path'.

Syda Foundation
P.O.Box 600
S. FALLSBURG, New York 12779
Tel. (914) 434 2000

TIBETAN NYINGMA MEDITATION CENTER

"Wenn der eiserne Vogel fliegt und Pferde sich auf zwei Rädern bewegen, werden die Tibeter den Ameisen gleich über den ganzen Erdball verstreut sein. Die buddhistische Lehre wird dann in das Land des Roten Mannes kommen". Diese bereits vor 1200 Jahren von Padmasambhava, dem Begründer des tibetischen Buddhismus, gemachte Prophezeiung scheint sich heute zu bewahrheiten – wenn auch der Rote Mann beinahe ausgestorben ist. Das tibetische Zentrum in Berkeley ist im Westen eines unter vielen. Es wurde 1968 von dem Tibeter Tarthang Tulku gegründet und zählt heute zu den bedeutendsten seiner Art. Nyingma befaßt sich vor allem mit buddhistischer Philosophie, tibetischer Sprache und Kum Nye, einem System von Atem- und Bewegungsübungen. In Nyingma wurden bislang verschiedene wichtige tibetische Texte ins Englische übersetzt. Das Zentrum betreibt einen grossen Buchverlag. Dem Zentrum ist ODIYAN, ein drei Autostunden von San Francisco entfernt gelegenes ländliches Zentrum angeschlossen. Odiyan ist noch im Bau. Mittelpunkt der kurz vor der Vollendung stehenden Anlage wird ein mandalaförmiger Tempelkomplex im Stile eines tibetischen Klosters sein. Das architektonisch imposante Gebäude ist schon heute ein optischer Blickfang der ganzen Region. Eine Windmühle sorgt für elektrischen Strom; mit Solarzellen wird warmes Wasser bereitet. Der Tempel soll als multifunktionales Arbeits- und Studienzentrum auch anderen tibetischen Lamas offen stehen.

Tibetan Nyingma Meditation Center
2425 Hillside Avenue
BERKELEY, California 94704
Tel. (415) 849–0908

TIBETAN BUDDHIST MONASTERY AND RETREAT CENTER

Unter Leitung tibetischer Lamas workshops in Meditation und den traditionellen Lehren der Kagyupa-Schule.

Karma Triyana Dharmachakra
352 Mead Mt. Road
WOODSTOCK, New York 12498
Tel. (914) 679–2487

TWO RAINBOWS

Die 1977 gegründete spirituelle Gemeinschaft liegt abgelegen inmitten der bewaldeten Berge von Idaho. Die kleine Gruppe ist von Findhorn inspiriert.

Two Rainbows Community
LOWMAN, Idaho 83637

VILLAGE OZ

Selbstverwaltete Kommune inmitten der Redwood-Wälder Nordkaliforniens. Währen der Sommermonate finden zahlreiche workshops statt, insbesondere über Sonnen- und Windenergie, biologische Landwirtschaft, Yoga, Tai Chi, Massage u.a. Die Kommune fühlt sich keiner bestimmten Philosophie oder spirituellen Richtung verpflichtet. Vielmehr verschmelzen verschiedene traditionelle und moderne Lehren miteinander.

Village of OZ
P.O. Box 86
POINT ARENA, CA 95468

WATER CREEK COOPERATIVE VILLAGE

Eine seit 1981 bestehende kleine Gemeinschaft in einem Tal im nordwestlichen New Mexico. Die Gruppe besteht aus sechs Menschen und versucht, möglichst im Einklang mit der Erde zu leben. Das Land gehört allen gemeinsam und ist in Anteile aufgeteilt. Jedes Mitglied hat seinen eigenen Lebensraum. Die Gruppe betreibt biologischen Land- und Gartenbau und strebt eine weitgehende Selbstversorgung an. Landanteile stehen zum Verkauf an neue Menschen zur Verfügung.

Water Creek Cooperative Village
815 Dunlap Street
SANTA FE, New Mexico 87501
Tel. (505) 988–1382

Kontaktperson:
Tom Callanan

WINDSTAR

Ökologisch orientierte Kommune inmitten der Rocky Mountains von Colorado. Workshops über Ökologie, alternative Energieformen, biologische Landwirtschaft, Meditation und Aikido. Zu den Mitarbeitern von Windstar gehören John Todd (New Alchemy), Ram Dass, Buckminster Fuller und Amory Lovins.

Windstar
Box 286
SNOWMASS, Colorado 81654
Tel. (303) 928–4777

ZEN CENTER LOS ANGELES

Das Zen Center in Los Angeles wird von dem japanischen Meister Taizan Maezumi Roshi geleitet. Taizan Maezumi vertritt sowohl die Rinzai- als auch die Soto-Tradition. Zazen und einführende workshops werden regelmäßig angeboten. Auch längere Aufenthalte sind möglich.

Zen Center of Los Angeles
927 S. Normandie
LOS ANGELES, CA 90006

ZEN CENTER ROCHESTER

Das Zen Center in Rochester im Staate New York wird von Philip Kapleau geleitet, der auch bei uns durch sein Buch 'Die drei Pfeiler des Zen' bekannt geworden ist. Kapleau versucht die beiden Hauptrichtungen des Zen, die Soto und die Rinzai Schule, miteinander zu verbinden. Einführende Workshops in den Weg des Zen sind möglich.

Zen Center of Rochester
7 Arnold Park
ROCHESTER, N. Y. 14607
Tel. (716) 473–9180

ZEN CENTER SAN FRANCISCO

1967 von Suzuki Roshi gegründet, nach dessen Tod von seinem amerikanischen Schüler Richard Baker Roshi weitergeführt. Dem städtischen Center in San Francisco ist das Zen Mountain Center angeschlossen (siehe Seite 76, Kapitel "Mönchsleben", Lama Foundation).

Zen Center
300 Page Street
SAN FRANCISCO, CA 94100
U.S.A.
Tel. (415) 863–3136

Zen Mountain Center
Tassajara Hot Springs
CARMEL VALLEY, CA 95705
U.S.A.

3HO FOUNDATION

3HO Foundation (Healthy, Happy, Holy Organisation) hat ihren Ursprung in der nordindischen Sikh-Religion. Unter der spirituellen Leitung von Yogi Bhajan lehrt die 3HO Foundation Kundalini Yoga, tantrischen Yoga und Meditation. Verschiedene Zentren der 3HO-Bewegung in aller Welt engagieren sich in Drogen-Rehabilitationsprogrammen, unterhalten Schulen, Kliniken, Armenküchen und geben workshops über Heilkunde, Massage, sanfte Geburt, natürliches Kochen u.a.

3HO International Headquarters
1620 Preuss Road
P.O.Box 35006
LOS ANGELES, California 9005
Tel. (213) 550 9043

KANADA

HOLLYHOCK FARM

Spirituelles Zentrum, auf einer kleinen Insel zwischen Vancouver Island und dem kanadischen Festland gelegen. Workshops in Massage, Yoga, Tai Chi, Reiki u.a. Neben der Teilnahme an workshops auch ideales Feriendomizil.

Hollyhock Farm
Box 127
Mansons Landing
CORTES ISLAND, V0P 1K0
British Columbia
Tel. (415) 383–7200 und (800) 662–6602

LANARK HILLS

Eine 40 Hektar große Farm in Ontario.
Nach den Lehren von J. Krishnamurti ausgerichtet.

Lanark Hills Foundation
R. R. 4
PERTH, Ontario K7H 3C6
Kanada
Tel. (613) 267–4819

MATER MATERIA

Schön gelegenes kleines ländliches Zentrum im französisch sprechenden Teil Kanadas. Therapeutisch orientiertes workshop-Angebot. Besucher sind willkommen. Vegetarisches Essen. Tägliche Gruppenmeditation.

Mater Materia
Jacques and Yolanda Languirand
RR 3
COWANSVILLE
Quebec, J2K 2G8
Tel. (514) 482–4127

SHELTER VALLEY CENTER

Eine seit 1975 aus verschiedenen Gruppen zusammengewachsene Cooperative. Biologische Landwirtschaft, Aufforstung sowie workshops über Meditation, Astrologie u.a.

Shelter Valley Center
R. R. 1
GRAFTON, Ontario KOK 2GO
Kanada

SIVANANDA YOGA VEDANTA CENTER

Von Swami Vishnu Devananda, einem Schüler Sivanandas, gegründetes Yogazentrum.
Hatha Yoga und Raja Yoga.
4-6 wöchige Ausbildungskurse zum Yogalehrer.

Sivananda Yoga Center
8th Ave
VAL MORIN, P.Q.
Kanada
Tel. (514) 861–6002

TEXAS LAKE COMMUNITY

Kleine spirituelle Kommune in British Columbia. Die Gruppe betreibt eine Pension und ist dabei,eine kürzlich erworbene Farm aufzubauen.

Texas Lake Community
Box 5
HOPE, British Columbia VOX 1LO
Kanada

YASODHARA ASHRAM

1956 von dem Sivanandaschüler Swami Sivananda Rudha gegründet.
Kleine Farm mit Obstgarten, Buchladen, Druckerei und Schallplattenstudio. Der Ashram veröffentlicht die Zeitschrift "Ascent", die drei mal im Jahr erscheint.
Kurse in Hatha Yoga, Raja Yoga und Kundalini.
Ausbildung zum Yogalehrer in dreimonatigen Kursen.

Yasodhara Ashram
KOOTENAY BAY, B.C. VOB 1XO
Kanada

ZEN LOTUS SOCIETY

1967 von dem Koreaner Samu Sunim gegründet.
Traditionelle Zen-Schulung. Kunsthandwerk.
Die Gesellschaft unterhält neben städtischen Zentren in den U.S.A. und Kanada auch ländliche Kommunen.

Zen Lotus Society
46 Gwynne Avenue
TORONTO, Ontario M6K 2C3
Kanada
Tel. 1–416–533–6911

ARGENTINIEN

SHANTI

Deutsches Siedlerprojekt im menschenleeren Patagonien in Südargentinien. Ende 1982 kaufte sich die Gruppe ein 195 Hektar großes Grundstück namens Shanti (Frieden). Die nächste Stadt mit über 50000 Einwohnern ist etwa 900 km entfernt. Die ersten Siedler und Kinder leben bereits in Holzhäusern zusammen. Grundlage der Siedlung wird eine biologisch ausgerichtete Landwirtschaft sein. Durch Fischzucht, Viehwirtschaft, Getreideanbau, Forstwirtschaft und Gewächshäuser versucht die Gruppe, so weit wie möglich autark zu werden. Shanti ist für neue Siedler offen. Land kann anteilmäßig erworben werden.

Colonia Shanti
Apartado No. 114
8430 EL BOLSON / R.N.
Patagonien / Argentinien

Kontakt in Deutschland:
Rudi Cremer
Bismarckstraße 11
6720 Speyer

BRASILIEN

THE DIVINE MOTHER'S PLACE

Spirituelle Gemeinschaft in den Mantiqueria Mountains. Zentrale Arbeitsbereiche sind Farmarbeit und Erziehung.

Roberto terra Costa
Sao Lourenco
Rue Ramiro Barcelos, 1081, apt. 133
90000 - PORTO ALEGRE - RS

NAZARE COMMUNITY

Eine von Findhorn inspirierte Gemeinschaft.

Nazare Community
Caixa Postal No 12
12960 - NAZARE PAULISTA
Estado de Sao Paulo

COSTA RICA

GENESIS TWO

Eine neue, von Findhorn beeinflußte Gemeinschaft inmitten der Bergwälder Costa Ricas, in etwa 2000 m Höhe gelegen. Zu Genesis Two gehören etwa 30 Hektar Land. Die Gruppe umfaßt gegenwärtig neun Mitglieder, die in einfachen Holzhäusern zusammen leben. Ein geodätischer Dom steht kurz vor der Fertigstellung. Die Lebensweise ist einfach. Gekocht und geheizt wird mit Holz. Ein Garten versorgt die Gemeinschaft mit frischem Gemüse.

Genesis Two Community
Steve and Paula Friedman
Apartado 655
CARTAGO
Costa Rica

KOLUMBIEN

COMMUNIDAD RURAL 'LA ATLANTIDA'

Neue kleine spirituelle Gemeinschaft. Farm mit biologischer Landwirtschaft. Vegetarische Ernährungsweise, kein Alkohol, Tabak oder andere Drogen. Für Besucher sind Unterkunftsmöglichkeiten vorhanden.

Communidad Rural 'La Atlantida'
Luis Adriano Calero
Apartado 7566
CALI
Kolumbien

AFRIKA

KENIA

MAGIC GARDEN

Ein im Aufbau befindliches Zentrum mit Garten, Tieren und Vögeln. Musik, Malerei, Film, Astrologie, spirituelle Bibliothek.
Kleines Gästehaus.

Magic Garden
Sylvia Delap
P.O. Box 357
MALINDI 74
Kenia

SÜDAFRIKA

KARMA KAGYU TRUST

Buddhistisch orientiertes Meditationszentrum.
Die kleine Gemeinschaft bewirtschaftet ein Stück Land und betreibt eine Töpferwerkstatt.

Karma Kagya Trust
P.O. Box 15
NIEU BETHESDA 631
Cape Province 6298
Südafrika

ASIEN

BURMA

INTERNATIONAL MEDITATION CENTRE

Buddhistisches Zentrum in Rangoon.
Regelmäßige Kurse in Vipassana Meditation.

International Meditation Centre
The Secretary
31A Inya Myaing Road
Bahan P.O.
RANGOON

INDIEN

Dorfprojekte:

AUM SWARUPA COMMUNITY

Aum Swarupa ist eine seit 20 Jahren bestehende öffentliche Stiftung. Die Arbeit der Stiftung befaßt sich vorwiegend mit der Vermittlung verschiedener Meditations- und Yogatechniken und ayurvedischer Naturheilkunde. 1982 begannen 11 Mitglieder mit dem Aufbau eines Dorfprojektes. Die noch kleine Gemeinschaft ist Teil des Dorfes Atma Santulana, etwa 130 km von Bombay entfernt. Das tägliche Leben in Aum Swarupa beginnt mit gemeinsamer Morgenmeditation. Die wesentlichen Aktivitäten der Gruppe sind Gartenarbeit, Therapie und Kurse.

Aum Swarupa Community
1170/12 Revenue Colony
411005 POONA

AUROVILLE

Eine ausführliche Darstellung von Auroville findet sich auf den Seiten 39 ff.

Gästehäuser in Auroville:

Center Guest House
Unity
Auroville 605101
Tamil Nadu, Indien

Fraternity Guest House
Fraternity / Auroville
Kottakuppam 605104
Tamil Nadu, Indien

Swagatam
Aspiration
Kottakuppam 605104
Tamil Nadu, Indien

Unterkunftsmöglichkeiten sind in geringem Umfang auch in den Communities Djaima, Discipline und Kottakarai möglich. Für Essen und Schlafen müssen derzeit täglich rund acht DM entrichtet werden. Darüberhinaus ist die aktive Mitarbeit an den täglich anfallenden Arbeiten erwünscht.

Kontakt für Deutschland:
Auroville International Deutschland
Ottostraße 47
5000 KÖLN 30

SANT KIRPAL NAGAR

Seit 1977 entsteht im nordindischen Distrikt Hardoi in der Nähe von Lucknow ein Stadtprojekt auf spiritueller Grundlage. Das Projekt wurde von Soami Divyanand, einem Schüler Kirpal Singhs, ins Leben gerufen. Nach der Planung sollen in Sant Kirpal Nagar einmal 200.000 Menschen leben. Die Bauzeit wird mit rund 25 Jahren veranschlagt. Die Gesamtanlage der Stadt soll einen spirituellen Sektor mit Meditationszentrum, einen Wohnsektor, gewerblichen Sektor und einen Dienstleistungssektor umfassen. Die Finanzierung soll ausschließlich durch Spenden der indischen Schülerschaft von Soami Divyanand erfolgen.

In den ersten fünf Jahren seit der Grundsteinlegung sind mittlerweile eine Vielzahl von Projekten fertiggestellt worden, bzw. befinden sich im Bau. Die gegenwärtige Einwohnerzahl beträgt etwa 500 Menschen. Die Bewohner ziehen bereits mehr und mehr von provisorisch erstellten Wohneinheiten in feste Häuser um. Die landwirtschaftlichen Erträge an Reis, Weizen und Gemüse sollen bereits im nächsten Jahr den gesamten Eigenbedarf decken. Eine Milchfarm ist ebenfalls schon in Betrieb. Der vegetarischen Lebensweise entsprechend dienen die Kühe lediglich zur Milchversorgung. Auf dem ehemaligen verödeten Brachland ist mittlerweile ein umfangreiches Wiederaufforstungsprogramm in Angriff genommen worden. Zur Erziehung der Kinder stehen ein Kindergarten, eine Grundschule sowie eine Sanskrit-Schule zur Verfügung. Ein Gästehaus für in- und ausländische Besucher ist ebenfalls bereits fertiggestellt. Eine Möbelfabrik, ein Baustoffbetrieb, eine kleine Druckerei sowie ein paar andere Betriebe bilden die ersten unternehmerischen Anfänge. Die gewerblichen Betriebe sind alle in privater Hand. Eventuelle Überschüsse werden an den gemeinsamen Fond der Stadt abgegeben.

Als Voraussetzung für den Erfolg des Projektes wird angesehen, daß jeder Bewohner der Stadt mit dem Weg von Kirpal Singh und Soami Divyanand vertraut ist. Die Initiation der Einweihung umfaßt die Verpflichtung, sich bestimmten ethischen Grundregeln unterzuordnen. Dazu gehört, sich vegetarisch zu ernähren, auf Alkohol und andere Drogen zu verzichten ebenso Gewaltlosigkeit, Aufrichtigkeit und sich regelmäßig der Meditation zu widmen. Das Leben in Sant Kirpal Nagar entspricht einer Schulung, die letztendlich die 'Erziehung zum Menschen' zum Ziel hat. Um dieses Ziel zu erreichen, bedarf es nach Kirpal Sing der Führung und Hilfe eines lebenden Gurus. Die im Werden begriffene Stadt versteht sich, unabhängig von bestimmten Glaubensrichtungen, als allgemeines Forum, den spirituellen Aspekt in den Mittelpunkt des Lebens zu stellen.

	Kontakt für Deutschland:
Soami Divyanand	Sant Kirpal Yog Sadhna Ashram
Sant Kirpal Nagar	Anke Kreutzer
SANDILA (Hardoi)	Im Malerwinkel 1
Uttar Pradesh, Indien	5340 BAD HONNEF

UNITY OF MAN

Schüler von Kirpal Singh begannen 1981 mit dem Bau eines spirituellen Dorfes in Nordindien.
Eine Farm ist bereits in Betrieb, ein Krankenhaus im Bau. Altenheime, Schulen u.a. sollen folgen.

Unity of Man
Dr. Harbhajan Singh
Mall Road
AMRITSAR
Punjab, Indien

Kontaktadressen für EUROPA:

Unity of Man
Mondseer Bundesstraße 17
A-5340 ST. GILGEN
Tel. 06227–474

Unity of Man
Mathildenstraße 12
D-8130 STARNBERG

Traditionelle Ashrams:

AUROBINDO ASHRAM

Der Ashram wurde von Sri Aurobindo (1872-1950) und von der Französin Mira Alfassa (1878-1974), kurz "Mutter" genannt, gegründet. Nach dem Leitgedanken Sri Aurobindos 'Alles Leben ist Yoga' versuchen die Ashramiten im gemeinsamen Zusammenleben ein Modell für eine neue Lebensform zu verwirklichen. Derzeit leben etwa 2000 Menschen, darunter auch 400 Kinder, im Ashram. Die Anlagen des Ashrams nehmen ein ganzes Stadtviertel ein. Zahlreiche Geschäftsunternehmungen wie Druckerei, Bäckerei, Autowerkstatt, Reparaturbetriebe sowie die Herstellung von handgeschöpftem Papier, Räucherstäbchen und Holzarbeiten ließen den Ashram

zu einem bedeutsamen wirtschaftlichen Faktor der Region werden.
Besucher finden in mehreren gutgeführten Gästehäusern Unterkunft. Eng verbunden mit den Ideen Sri Aurobindos und der Mutter ist auch das sechs Kilometer von Pondicherry entfernt gelegene Auroville. Das Projekt wurde entsprechend einer Vision der Mutter 1968 in Angriff genommen. Seit dem Ableben der Mutter im Jahre 1974 löste sich Auroville allerdings mehr und mehr vom Ashram.

Sri Aurobindo Ashram
PONDICHERRY 605002
Tamil Nadu, Indien

DHANWANTHARI ASHRAM

Ein von Vishnudevananda gegründetes Yogazentrum im Südwesten Indiens.

Dhanwanthari Ashram
Neyyar Dam P.O.
TRIVANDRUM District
Kerala

GOPINATH SIVANAND YOGASHRAM

Kovalam Beach ist in den letzten Jahren zu einem der beliebtesten Touristenzentren Indiens avanciert. Das kleine anerkannte Yogazentrum in Kovalam gab es bereits vor dem Touristenboom.

Gopinath Sivanand Yogashram
KOVALAM
near Trivandrum/Kerala

MUKTANANDA ASHRAM

Der Ashram liegt 75 km nördlich von Bombay unweit des Dorfes Ganeshpuri. Umgeben von einem prächtigen Garten, dient seit 1956 ein ehemaliger Maharaja-Palast als spirituelles Zenrum Muktanandas. Die vielen ausländischen Besucher geben dem Ashram heute ein internationales Gepräge. Ausgedehnte Aufenthalte Muktanandas in Amerika ließen insbesondere zahlreiche Amerikaner zu seinen Schülern werden. Das Kernstück von Muktanandas Siddha-Yoga ist die Erweckung der Kundalini-Kraft. Dem Meister wurde nachgesagt, daß er in der Lage war, durch Blick, Berührung oder Wort direkt das Hochsteigen der spirituellen Kundalini-Energie auszulösen. Swami Muktananda starb im Spätjahr 1982.

Shree Gurudev Siddha Peeth
GANESHPURI 401206
P.O. Vajreshwari / Thane District
Maharashtra, Indien

SAI BABA ASHRAM

Der etwa 170 Kilometer nördlich von Bangalore gelegene Sai Baba Ashram ist heute einer der größten Ashrams in Indien. Die weitläufige Anlage bietet genügend Platz, um 2000 bis 3000 Menschen zu beherbergen. Sai Baba lehrt keine bestimmte Philosophie oder spirituelle Praxis. Er wird von seinen hunderttausenden von Anhängern vielmehr als Wunderheiler und Inkarnation Gottes verehrt.

Prasanthi Nilayam
PUTTAPARTHI 515 134
Anantapur District
Andhra Pradesh, Indien

RAMAKRISHNA MISSION

Ramakrishna (1836-1886) zählt heute zu den verehrtesten Weisen in Indien. Auf dem Wege zu Gott sah Ramakrishna alle Religionen als gleichberechtigt an. Sein Schüler Vivekananda gründete in zahlreichen indischen Städten Ramakrishna Missionen, die heute vorwiegend im sozialen Bereich tätig sind. Die Missionen unterhalten in der Regel einen Tempel, eine Bibliothek, eine Schule und eine Krankenstation. Jede Ramakrishna Mission ist von einer blühenden Parklandschaft umgeben und bildet in den mehr als hektischen indischen Großstädten eine wahre Oase der Stille.

Sri Ramakrishna Math Head Quarters
Gol Park
CALCUTTA
Indien
Tel. 46 34 31

SELF-REALISATION FELLOWSHIP

Der Ashram ist das heutige indische Zentrum der von Paramahansa Yogananda gegründeten Self Realisation Fellowship. Yogananda gehörte zu den ersten indischen Gurus, die nach Amerika übersiedelten. Die beiden grossen kalifornischen New Age Kommunen Sunburst und Ananda Village sind wesentlich von den Ideen Yoganandas beeinflußt worden.

Yogoda Satsanga Society of India
Paramahansa Yogananda Path
RANCHI 834001
Bihar, Indien

SIVANANDA ASHRAM

Das am Oberlauf des Ganges und am Fuße des Himalaya gelegene Rishikesh ist seit alters her eines der bedeutendsten Pilgerorte und spirituellen Zentren in Indien. Unter den zahlreichen Ashrams in Rishikesh zählt der Sivananda Ashram zu den bekanntesten. Sivananda lehrte Hatha und Raja Yoga sowie die Philosophie des Vedanta. Er gründete die Divine Life Society, die heute in der ganzen Welt Yogazentren unterhält. Zu den bekanntesten Schülern, die Sivanandas Werk fortsetzen, gehören Swami Satchitananda in New York, Swami Vishnudevanda in Montreal, Swami Satyananda von der Bihar School of Yoga sowie Swami Chidananda, der heute den Ashram in Rishikesh leitet.

Divine Life World H.Q.
Shivanandashram
P.O. Shivanand Nagar
RISHIKESH
Uttar Pradesh, Indien

TIRUVANNAMALAI

Tiruvannamalai ist eine am Fuße des heiligen Berges Arunachala gelegene alte Tempelanlage. In Tiruvannamalai befindet sich auch der Ashram des 1950 verstorbenen Yogis Sri Ramana Maharshi. Um den Tempelbezirk und den Ashram herum ist in den letzten Jahren eine kleine spirituelle Kolonie von Leuten aus dem Westen entstanden.

Tiruvannamalai
North Arcot District
Tamil Nadu, Indien

Yogazentren:

ANANDA ASHRAM

Yogazentrum geleitet von Swami Gitananda.
Kurse in Hatha Yoga, Raja Yoga, Kundalini und ayurvedischer Medizin.

Ananda Ashram
TATTANCHAVADI
Pondicherry 605008
Südindien

BIHAR SCHOOL OF YOGA

Zwischen Patna und Calcutta gelegene Yoga-Schule. Die Schule besteht seit 1964 und wird von Swami Satyananda, einem Schüler von Sivananda, geleitet. Einführungskurse zwischen 15 Tagen und 3 Monaten vermitteln je nach Bedürfnis die verschiedensten Yogatechniken, so z.B. Hatha Yoga, Pranayama, Mudras, Nada Yoga, Japa Yoga, Karma Yoga und Kriya Yoga. Die Ausbildung zum Yoga-Lehrer ist in einem halbjährigen Kurs möglich.

Bihar School of Yoga
Sivanandashram
MONGHYR
Bihar, Indien

INTERNATIONAL SPIRITUAL AND CULTURAL CENTRE

Der rund 200 km östlich von Goa gelegene Ashram wird von Sri Kumaraswami geleitet, einem bekannten indischen Yogi, Philosophen und Honorarprofessor der

Karnataka. Universität Sri Kumaraswami gibt Vorträge und Lektionen in Hatha Yoga, Raja Yoga und Mantra Yoga.

International Spiritual and Cultural Centre
Tapovana
DHARWAR – 3
Karnataka, Indien

IYENGAR YOGA INSTITUTE

Mit seinem Bestseller 'Licht auf Yoga' wurde B.K.S. Iyengar auch bei uns im Westen bekannt. 1975 gründete er in Poona eine Yoga-Schule, in der klassischer Ashtanga Yoga nach Patanjali gelehrt wird. Kurse von einer Woche bis hin zu einem Jahr oder auch länger sind möglich. Iyengar ist für seine Betonung auf die besonders perfekte Ausübung der Yogastellungen bekannt.

Ramamani Iyengar Memorial Yoga Institute
1107 B/1 Hari Krishna Mandir Road
POONA 411016
Maharashtra, Indien

KAIVALYADHAMA YOGA CENTRE

Kaivalyadhama ist eines der größten Yogazentren Indiens. Jeden Sommer findet ein einmonatiger Einführungskurs statt. Darüberhinaus ist in 3- und 6 monatigen Kursen die Ausbildung zum Yogalehrer möglich. Die Kurse umfassen über die klassischen Yogaübungen hinaus auch das Studium indischer Philosophie, vergleichende Religionswissenschaft sowie Ernährung und Medizin. Dem Zentrum sind ein Hospital, eine freie ayuvedische Apotheke, eine große Bibliothek und eine im Aufbau befindliche landwirtschaftliche Farm angeschlossen. Kaivalyadhama wird vom indischen Bildungsministerium subventioniert.

Kaivalyadhama Yoga Centre
G.S. College of Yoga & Cultural Synthesis
LONAVLA
Poona District
Maharashtra, Indien

MADRAS YOGASHRAM

Der von Sri Satchidananda Yogi geführte Ashram ist einer der typischen, kleinen Yogazentren, die über den ganzen indischen Subkontinent verteilt sind. Satchidananda Yogi gibt jeden Morgen kostenlose Lektionen in Hatha Yoga.

Madras Yogashram
38 Godown Street
MADRAS
Tamil Nadu, Indien

Buddhistische Meditationszentren:

BODH-GAYA

Das kleine Dorf liegt zwei Bahnstationen südlich von Patna. Bodh-Gaya ist eines der bedeutendsten buddhistischen Zentren Indiens. Die Legende erzählt, daß hier Buddha unter dem Bodhi-Baum Erleuchtung erlangte. Der über 1000 Jahre alte Mahabodhi Tempel ist ein viel besuchter Pilgerort. Einführungen in die Vipassana Meditation unter der Leitung von Sri Muninda und gelegentlich Sri S.N. Goenka sind im Burmese Vihar möglich.

Burmese Vihar
c/o The Guestmaster
BODH-GAYA
Bihar, Indien

SANDUP TARTEYLING GOMPA

Kleines tibetisches Kloster im Sonada Tal von Sikkim. Meditationskurse unter Anleitung von Kalu Rinpoche sind möglich.

Sandup Tarteylung Gompa
SONANDA VALLEY
Sikkim, Indien

TUSHITA

Mc Leod Ganj, der obere Ortsteil von Dharamsala, liegt inmitten des indischen Himalaya in rund 2.300 m Höhe. Der 1959 aus Tibet geflüchtete 14. Dalai Lama wählte sich dieses malerisch gelegene Örtchen als Exil. Seither hat sich das kleine Dorf zu einem ständig wachsenden Zentrum tibetischer Kultur entwickelt. Mit der aktiven Hilfe des Dalai Lama haben tibetische Mönche mit Tushita ein modernes Meditationszentrum aufgebaut. Das Zentrum wird vorwiegend von westlichen Besuchern in Anspruch genommen, die sich von wenigen Wochen angefangen bis hin zu Monaten, Jahren oder gar für's ganze Leben dem Studium des tibetischen Buddhismus widmen.

Tushita Meditation Retreat Centre
Mc Leod Ganj
DHARAMSALA Cantonment
Kangra District
Himachal Pradesh, Indien

VIPASSANA INTERNATIONAL ACADEMY

Ein von dem Burmesen Sri S.N. Goenka geleitetes Meditationszentrum. Einführungskurse in die Vipassana Meditation. 85 Meilen nordöstlich von Bombay gelegen.

Vipassana International Academy
Dhammagiri
IGATPURI 422 403
Nasik District
Maharashtra, Indien

Sonstige spirituelle Zentren:

NATURE CURE HOSPITAL

Das von einem Schüler Mahatma Gandhi's gegründete Zentrum für Naturheilkunde zählt heute zu den bedeutendsten Institutionen dieser Art in Indien. Die Klinik liegt rund 400 km nördlich von Madras am Golf von Bengalen, nahe der Stadt Vijayawada. Die Therapie umfaßt Fastenkuren, Diät, Massage, Schlammpackungen, Hydrotherapie, Dampfbäder und Farbtherapie. Zu einem festen Bestandteil des Therapieprogramms gehören täglich Yoga- und Atemübungen. In einem zweijährigen Kursus ist das Studium der Naturheilkunde möglich.

Nature Cure Hospital
c/o The Secretary
Sri Ramakrishna Prakruti Ashram
BHIMAVARAM
West Godavary District
Andhra Pradesh, Indien

RAJGHAT SCHOOL OF NON-VIOLENCE

Die nach Mahatma Gandhi orientierte Schule macht in Wochenendkursen mit den Prinzipien der Gewaltlosigkeit bekannt. Für zwei- bis dreiwöchige Camps stehen außerhalb Delhis ländliche Ashrams zur Verfügung.

Rajghat School of Non-Violence
2 Rajghat Mahatma Gandhi Marg
NEW DELHI
Uttar Pradesh, Indien

SHANTINIKETAN

Eine von dem Dichter und Nobelpreisträger Rabindranath Tagore gegründete Universität. Fakultäten für Philosophie, Kunst, vergleichende Religionswissenschaft, tibetischer Buddhismus, tibetische und chinesische Sprache, indische Kultur.

Shantiniketan
c/o The Registrar
BOLPUR
West Bengal, Indien

VIVEKANANDA KENDRA

Hauptquartier der rund 50 über ganz Indien verteilten Vivekananda Missionen. Nach der Lehre Vivekanandas ausgerichtete Yoga- und Meditationskurse.

Vivekananda Kendra
VIVEKANANDAPURAM PO, 629702
Kanyakumari District
Tamil Nadu, Südindien
Tel. 615032

ISRAEL

In Israel lebt prozentual gesehen ein beträchtlicher Teil der Bevölkerung in Kommunen. Es ist das einzige Land, in welchem die Kommunebewegung weniger in den Randnischen der Gesellschaft angesiedelt ist, sondern zu einem wesentlichen ökonomischen und politischen Faktor herangewachsen ist. Seit Anfang der Jahrhundertwende repräsentiert die israelische Kibbutzbewegung eine einzigartige Kombination von Landwirtschaft und Industrie, sozialer Integration, Siedlungspolitik und militärischer Notwendigkeit. Heute gibt es in Israel an die 260 Kibbutzim, in denen im Schnitt jeweils rund 500 Menschen, insgesamt also mehr als 100.000 Menschen leben. Trotz fortschrittlicher Ansätze insbesondere in der Kindererziehung ist die Kibbutzbewegung eher konservativ. Sie blieb von den gegenkulturellen Einflüssen der sechziger Jahre relativ unberührt. Der Einfluß auf amerikanische (Walden Two) und japanische Kommunen (Kibbutz Akan) ist allerdings unverkennbar.
Anlaufstelle für einen Kibbutzbesuch in Israel ist
INTERNATIONAL COMMUNES DESK
Kibbutz Artzi
P.O. Box 1777
TEL AVIV
Zwei bekannte Kibbutzim, die beide biologische Landwirtschaft betreiben, sind Kibbutz Gezer und Yodfat.

MITZPE LAVON

Spirituelle Gemeinschaft von 20 Erwachsenen und 10 Kindern, die sich zum Ziel gesetzt haben, New Age Impulse mit der traditionellen Kibbutzstruktur zu verbinden. Die Gruppe betreibt biologischen Gartenbau, spinnt und färbt Wolle und ist für Besuch offen.
Michael Shurman
Mitzpe Lavon, N.D.
MA'LE HAGALIL 2516

NEPAL

KOPAN

Tibetisches Kloster, sechs Kilometer von Kathmandu entfernt. Jedes Jahr im März und November finden in Kopan unter der Leitung von Lama Zopa Rinpoche einmonatige Einführungskurse in den tibetischen Buddhismus statt. Kopan wird geradezu von westlichen Besuchern überflutet. Die oftmals ausgebuchten Kurse bieten die Möglichkeit eines konsequenten Rückzugs von den alltäglichen Pflichten und Aktivitäten der Außenwelt. Während der 4-wöchigen Aufenthaltsdauer wird vom Studenten die strenge Einhaltung der klösterlichen Disziplin erwartet.

Kopan Monastery
Nepalese Mahayana Center Gompa
G.P.O. Box 817
KATHMANDU
Nepal

JAPAN

Die gegenkulturelle Bewegung in Japan ist nicht mit der anderer westlicher Länder vergleichbar. Sie mag uns auf den ersten Blick etwas rückständig und konservativ erscheinen. Der Ausstieg aus der mit Hilfe von Disziplin und alter Traditionen geschaffenen nahezu perfekt anmutenden wirtschaftlichen und sozialen Superstruktur scheint für die junge japanische Generation besonders schwer zu sein. Dessen ungeachtet ist seit der Jahrhundertwende eine starke kibbutzähnliche Kommunebewegung entstanden, an der heute mehr als 3000 Menschen teilnehmen. Unter den zumeist traditionell organisierten Kommunen finden sich allerdings nur wenige, die bewußt New Age Idealen offen stehen.

ITTO-EN

Itto-en gehört zu den traditionell orientierten Kommunen und zählt mit 350 Einwohnern zu den größten kommunitären Gemeinschaften des Landes. Die einem israelischen Kibbutz ähnlich organisierte Kommune besteht bereits seit dem Jahre 1905. Geprägt durch den Einfluß des Gründers Tenko-san verschmelzen in Itto-en Elemente von Buddhismus, Zen, Shintoismus, Christentum und utopischem Sozialismus miteinander. Die philosophische Grundlage von Itto-en umfaßt somit ein breites Spektrum, in dem verschiedene spirituelle Wege toleriert werden. Neben dem Anbau von Gemüse und Reis werden in Itto-en auch an die 150 Rinder gehalten. Doch die Einwohner selbst leben größtenteils vegetarisch. Die bedeutendste Einnahmequelle der Kommune ist ein Versandhandel mit selbstgezüchtetem Reissaatgut. Darüber hinaus betreibt die Kommune eine Baufirma, eine Druckerei sowie eine kleine Textilfabrik. Itto-en hält für seine Kinder ein komplettes Erziehungssystem bereit, angefangen von Kinderkrippe und Kindergarten bis hin zur Grundschule, höherer Schule und College.

Itto-en
Kosenrin
Yamashina
Higashiyama-ku
Kyoto-shi

YAMATOYAMA

Die nach dem Gründer benannte Kommune Yamatoyama existiert bereits seit 1920 und zählt ebenfalls zu den traditionellen Kommunen Japans. Yamatoyama liegt inmitten eines idyllischen Bergtals im nördlichen Zipfel der Hauptinsel Honshu.
Die Kommune besitzt ein Waldgebiet von rund 1.800 Hektar. Die Erträge aus der intensiv betriebenen Forstwirtschaft bilden die Existenzgrundlage der 230 Einwohner. Auch werden in großem Stil Reis und Gemüse angebaut. Ähnlich wie Itto-en ist die spirituelle Grundlage eine Synthese verschiedener Religionen. Während in Itto-en buddhistische Elemente im Vordergrund stehen sind in Yamatoyama mehr shintoistische Praktiken erkennbar. Eines der spirituellen Ideale von Yamatoyama lautet: "Keine Lehrer – vielmehr Selbsterleuchtung"!

Shorokshinto – Yamatoyama
12-13 Takinozawa
Sotodoji
Hirauchi – cho
Higashitsugaru – gun
Aomori – ken

KIBBUTZ AKAN

Akan ist ein 1975 auf Hokaido nach israelischem Muster entstandener kleiner Kibbutz. Die im Norden gelegene Insel Hokkaido gehört zu den am dünnsten bevölkerten Regionen Japans und ist zum bevorzugten Siedlungsgebiet von Landkommunen geworden. Der Kibbutz Akan ist eine der wenigen Kommunen Japans, die konsequent organische Landwirtschaft betreiben. Daneben werden Geflügel, Kaninchen, Ziegen und Bienen gehalten. Für ausländische Besucher besonders wertvoll ist die Anwesenheit englischsprechender Personen. In Akan hat auch Moshe Matsuba, der Verfasser des Buches "The Communes of Japan" sein zu Hause. Moshe Matsuba ist gleichzeitig auch Kontaktperson von 'International Communes Network' und des 'Japanese Commune Movement'.

Kibbutz Akan
Nakasetsuri Tsurui-mura
Akan-gun
Hokkaido

KONO JUKU

Kono Juku liegt im östlichen Teil der Insel Hokkaido. Die kleine Gruppe von 7 Erwachsenen und 6 Kindern betreibt seit 6 Jahren organische Landwirtschaft. Zu Kono Juku gehören auch Milchkühe, Kälber, Hühner und ein Pferd. Die Kommune zählt zu den ökologisch bewußtesten Gruppen in Japan. Eine monatlich erscheinende Zeitschrift widmet sich vor allem ökologischen Fragen.

Kono Juku
Kotanuka
Shibetsu-gun
Hokkaido

TAMAGO-NO-KAI

Organische Farm 68 km nördlich von Tokyo. Die Gruppe besteht seit 1974 und umfaßt heute an die 20 Personen. 3000 Legehennen sorgen für die Haupteinnahmequelle der Kommune. Daneben werden Kühe, Ziegen, Schweine, Kaninchen und Bienen gehalten. Die landwirtschaftlichen Produkte werden vornehmlich an eine 300 Personen umfassende Lebensmittelcooperative verteilt.

Tamago-no-kai
1297 Shikanoko
Kakioka
Yasoto-cho
Niihari-gun
Ibaraki-ken

YAMAGISHI-KAI

1953 gegründetes Kollektiv, das 1982 auf etwa 1500 Mitglieder jeder Altersklasse, Berufs- und Gedankenrichtung angewachsen war. Die einzelnen Gruppen leben in 30 sogenannten Jikkenchi (=Gemeinschaft der Yamagishi-Kai) zusammen, die zumeist auf landwirtschaftliche Produktion ausgerichtet sind. Die größte Gemeinschaft ist Toyosato-Jikkenchi mit zur Zeit etwa 350 Personen. Durch das gemeinsame Leben des Yamagishism besteht das Ziel, eine neue, gewaltfreie Gesellschaft des Friedens, der Harmonie und der Begegnung aufzubauen. Innerhalb eines Jikkenchi's gilt dieses Ziel als bereits verwirklicht.

Yamagishism-Seikatsu
Toyosato-Jikkenchi
International Department
5010 Takanoo-cho
Tsu-shi, Mie-ken
514-22 Japan
Tel. 0592/30–1151

Info und Kontakt in Europa:
Walter Mühlestein
Rue Combe Grede 33
CH-2613 VILLERET

YASAKA

Die 1972 gegründete Kommune liegt westlich von Hiroshima. Die Kommune ging aus der gewaltfreien anarchistischen Bewegung hervor und wird stark von den Ideen Kropotkins, Tolstois und insbesondere auch von dem mystischen Anarchismus Gustav Landauers und Martin Bubers inspiriert. Gegenseitige Hilfe und direkte Selbstverwaltung gehören zu den Grundprinzipien der 15 Personen starken Gruppe. In Yasaka werden Reis und Gemüse angebaut, Pilze gezüchtet und Hühner gehalten.

Yasaka-no-Sato Kyodotai
Ha-38
Sanri
Yasaka-mura
Naga-gun
Shimane-ken

Zen-Studium in Japan

In den beiden letzten Jahrzehnten entstanden in vielen westlichen Ländern teilweise bedeutsame Zentren des japanischen Zen-Buddhismus. Die größten amerikanischen Zen-Zentren in San Francisco, Los Angeles oder New York haben mehr aktive Mitglieder als irgend ein Zenkloster in Japan selbst. Doch nach wie vor übt das Studium in einem japanischen Kloster für den westlichen Zen-Anhänger eine ganz besondere Faszination aus. Eine ganze Reihe von Klöstern und Tempeln stehen für den westlichen Besucher zum Studium offen. Von den Schülern wird allerdings oftmals erwartet, daß sie japanisch sprechen oder zumindest mit den Grundprinzipien des Zen-Buddhismus vertraut sind. Die beste Einführung in ein japanisches Kloster ist sicherlich ein Empfehlungsschreiben eines anerkannten Zen-Meisters.

Traditionelle Klöster:

EIHEIJI
Guest Master, Sanzenkai
Yoshida-gun, Eikei-cho
FUKUI-KEN (910-12)

HOSSHINJI
Fushibara, Obama
FUKUI-KEN (917)

EIHEIJI TOKYO BETSU-IN
Zen Seminars in English
21-342 Chome, Nishiazabu
Minato-ku
TOKYO (106)

SOJIJI
Guest Master
Tsurumi 2-1-1
Tsurumi-ku
YOKOHAMA (230)

KYOTO

Kyoto ist das klassische Studienzentrum Japans. Hier finden sich die wichtigsten Tempel der Rinzai Sekte. Ohne an ein bestimmtes Kloster gebunden zu sein, bietet Kyoto die Möglichkeit, eine der traditionellen japanischen Künste wie Teezeremonie, Kalligraphie, Malerei, Tanz, Bogenschießen oder eine der Verteidigungskünste zu studieren.

ZEN BUNKA KENKYUJO
Hanazono University
KYOTO (616)

MYOSHINJI
Myoshinji-machi, Hanazono
Ukyo-ku
KYOTO (616)

NANZENJI
Nanzenji Fukuchi-machi
Sakyo-ku
KYOTO (606)

TOFUKUJI
Honmachi 15 Chome
Higashiyama-ku
KYOTO (605)

Internationale Dojos:

Die internationalen Dojos sind Studienzentren neueren Stils. Im Gegensatz zu den traditionellen Klöstern sind sie weniger reglementiert und stehen auch Anfängern offen.

INTERNATIONAL ZEN DOJO
Tsurushima, Uenohara-machi
Kitatsuru-gun
Yamanashi-ken (409-01)

RYOBO KAI ZEN DOJO
Honno 573, Mobara-city
Chiba-ken (299-41)

SAMBO KYODAN
Miyazaki Kan'un Roshi
16-5 2 Chome, Komachi
Kamakura (248)

OKI YOGA DOJO
Sawachi 450-1
Mishima, Shizuoka (411)

SRI LANKA

BUDDHIST PUBLICATION SOCIETY

Die Gesellschaft ist in erster Linie ein literarisches Infozentrum über den Buddhismus in Ceylon.
Außerdem gibt die Society bereitwillig Auskunft über Möglichkeiten, mit dem lebendigen Buddhismus in Kontakt zu kommen (z.B. durch Teilnahme an buddhistischen Festen, Gesprächen mit buddhistischen Mönchen etc.). Auch sind die genauen Termine der in Sri Lanka stattfindenden Vipassana-Meditationskurse zu erfahren.

Buddhist Publication Society
54, Sangharaja Mawatha
P.O. Box 61
KANDY
Sri Lanka

NILAMBE

Ein buddhistisches Meditationszentrum mitten in den Bergen mit einem schönen Blick auf den Sri Pada, den heiligen Berg der Singhalesen. 14 km von Kandy enfernt. Einführungskurse in die Vipassana Meditation mit Einzelgesprächen und Dharmavorträgen.

Nilambe
Meditations Centre
via GALAHA
Sri Lanka

ROCKHILL HERMITAGE

Ein buddhistisches Meditationszentrum in der Nähe von Kandy. Es werden mehrtägige Vipassana Meditationskurse durchgeführt, meist vom 1. bis 10. jeden Monats. Die Teilnehmer sind in einfachen Holzhütten im Wald untergebracht. Auch längere Meditationsaufenthalte sind nach Absprache mit Bhanti Kassapa, dem Leiter des Zentrums, möglich. Neueste Informationen über Termine, Kosten und Mitzubringendes etc. sind bei der Buddhist Publication Society in Kandy (s.o.) erhältlich.

International Meditation Community
and Dharma Study Centre
Rockhill Hermitage
WEGIRIKANDA
P.O. Hondiyadeniya via Gampola
Sri Lanka

AUSTRALIEN

Während der letzten Jahre ist in Australien eine breitgefächerte Landbewegung entstanden. Die gängigste Organisationsform auf diesem riesigen Kontinent ist die der Cooperative oder Genossenschaft. Eine Kerngruppe sucht billiges Land, um es dann in Anteilen an alle weiteren Mitglieder aufzuteilen. Die finanzielle Beteiligung variiert je nach der Qualität des Landes und der Zahl der Mitglieder zwischen 500 und 5000 Dollar. Die einzelnen Genossenschaftler verfügen zumeist frei über ihr Stück Land, nehmen jedoch gleichzeitig an Aktivitäten der ganzen Gruppe teil.

Die folgenden Cooperativen und Kommunen sind lediglich ein kleiner Ausschnitt aus der spirituellen Scene Australiens. Detaillierte Informationen sind erhältlich über:

International Communes Network
Lionel Pollard
7 Duncan Avenue
BORONIA
Victoria 3155, Australien

Besonders informativ ist auch das Buch von Wolfgang Martin, Das andere Australien, erschienen im Pala Verlag 1982.

ANANDA PALLI

Landwirtschaftliche Farm der von Shri Anandmurti gegründeten Ananda Marga Bewegung. Ananda Palli ist auf Selbstversorgung ausgerichtet.

Ananda Palli
Box 3
SEVERLEA 4452
Queensland
Tel. 835207

BORNHOFFEN

Eine nach Krishnamurti ausgerichtete Gemeinschaft. Herstellung, Weiterverarbeitung und Verkauf von Naturkost.

Bornhofen
P.O. Box 76
GLEN APLIN
Queensland 4381

DOWN TO EARTH MOVEMENT

Informations- und Kontaktstelle der australischen Alternativbewegung, insbesondere der selbstversorgenden, ökologischen Landkommunen.

Down to Earth Movement
427 Cleveland Street
SURREY HILLS
New South Wales
Tel. 696237

HOMELAND CENTRE OF LIGHT

Eine von Findhorn inspirierte Gemeinschaft.

Homeland Centre of Light
THORA
New South Wales 2492

ILLUSION FARM COMMUNITY

Illusion Farm ist eine buddhistische Gemeinschaft von 20 Erwachsenen mit Kindern. In einer nach tibetischem Muster angelegter Gompa finden zweimal täglich gemeinsame Meditationen statt. Von der Gruppe werden Meditations-retreats organisiert. Die Farm versorgt sich selbst mit landwirtschaftlichen Produkten. Von staatlichen Behörden wird die ruhige und heilsame Atmosphäre von Illusion Farm als Therapiestätte mittlerweile anerkannt. Regelmäßig werden Drogenabhängige sowie geistig und körperlich behinderte Menschen auf 'Urlaub' geschickt und in das Alltagsleben der Farm miteinbezogen. Trotz der völlig abgeschiedenen Lage kommen jährlich 2000 bis 3000 Besucher zur Illusion Farm.

Illusion Farm Community
LORINNA VALLEY
Tasmanien

MAGIK FARM

Inmitten eines 125 Hektar großen Waldgebietes versucht Magik Farm die Ideen aus Victoras Kulvinskas "Survival into the 21th Centuary" in die Praxis umzusetzen.

Magik Farm
P.O. BEECHWOOD
New South Wales 2446

MANDALA COMMUNITY FARM

ca. 100 Hektar Land, davon knapp die Hälfte unter biologischen Anbau. Tierhaltung.

Mandala Community Farm
North Branch Road
MARYVALE
Queensland 4370

NAMBOUR COMMUNITY

Eine nach den Ideen Krishnamurtis ausgerichtete Gemeinschaft.

Nambour Community
P.O. Box 217
NAMBOUR
Queensland 4560

NINETY NINER

Städtisches Zentrum für Yoga und Meditation.

Ninety Niner
99 Elizabeth Street
BRISBANE
Queensland 4000

ONTOS VILLAGE

Yogaorientierte Dorfgemeinschaft.

Ontos Village
BUCHAN
Victoria 3885

RELAXATION CENTRE

Zentrum für Therapie, Heilkunde, Yoga und Meditation.

Relaxation Centre
Cnr. Brookes & Wickham Street
FORTITUDE VALLEY
Queensland 4006

RIVENDELL

Spirituelle Cooperative westlich von Nimbin.
Biologische Landwirtschaft und Naturheilkunde.

Rivendell
Heatherington Road
WADEVILLE, via KYOGLE
New South Wales 2474

SAMADHI HEALING SANCTUARY

Samadhi Healing Sanctuary
Ms. 1096 via NAMBOUR
Queensland 4560

SATYANANDA ASHRAM

Workshops und Yogakurse.

Satyananda Ashram
MANGROVE MOUNTAIN
New South Wales 2250

SHALOM

80 Hektar Pinienwälder.
Obstbau und biologischer Gartenbau.

Shalom
OBI OBI Ms. 956, via NAMBOUR
Queensland 4560

SIDHALAND COMMUNITY

Sidhaland ist eine landwirtschaftliche Farm auf rund 100 Hektar Land. Die Kommune zählt zwischen 25 und 50 Mitglieder, die sich der 'International Meditation Society' zugehörig fühlen.

Sidhaland Community
Sladeshill Road
HAZEL PARK, via WELSHPOOL
Victoria 3966

TURNTABLE FALLS

Mit 400 Hektar Land inmitten der sogenannten "Rainbow Region" eine der größten und bekanntesten Cooperativen Australiens.

Co-Ordination Co-Operative Limited
Turntable Falls
NIMBIN
New South Wales 2480

WALSH RIVER COMMUNITY

Kurse in biologischem Gartenbau und Permakultur.

Walsh River Community
P.O. Box 64
HERBERTON
Queensland 4870

WAT BUDDHA DHAMMA FOREST MEDITATION CENTRE

Selbstversorgende buddhistische Gemeinschaft. Organisiert workshops, veröffentlicht Bücher und eine Zeitschrift.

Wat Buddha Dhamma Forest Meditation Centre
Ten Mile Hollow
WISEMAN'S FERRY
New South Wales 2255

WAT BUDDHARANGSEE

Buddhistisches Zentrum der Theravada-Tradition. Gelegenheit zur Vipassana Meditation.

Wat Buddharangsee
88 Stanmore Road
STANMORE
New South Wales
Tel. 512039

WYUNGARA FOREST FARM AND SANCTUARY

Vegetarische Kommune mit bio-dynamischer Landwirtschaft.

Wyungara Forest Farm and Sanctuary
P.O. Box 7
NOWA NOWA
Victoria 3887

YULUNGA

Zentrum für Therapie und Kreativität.

Yulunga
Barkers Vale
NIMBIN
New South Wales 2480

ZEN RETREAT

Zen retreat
Sluice Creek Road
EVELYN CENTRAL
Queensland 4872

NEUSEELAND

CHIPPENHAM COMMUNITY

Kontaktanschrift des 'International Communes Network' in Neuseeland.

Chippenham Community
Cricklehurst Farm
Woodside Road
OXFORD
Nr. Canterbury

GENIUS NEW AGE SEMINARS

Städtisches Zentrum für New Age Aktivitäten.
Seminare und workshops.

Genius New Age Seminars
Kris Hings & Paul Hunting
19 Aorere Street
PARNELL, Auckland

NAMBASSA COMMUNITY

Nambassa Community
P.O. Box 113
WAIHI

RIVERSIDE COMMUNITY

Eine bereits 1941 von Medhodisten gegründete Farm. Heute ist Riverside eine christlich-pazifistische Kommune mit mehr als sechzig Mitgliedern. Die Farm liegt mit rund 200 Hektar Land inmitten eines traditionellen Obstanbaugebietes. Die Kommune ist ökonomisch autark. Die Bewohner leben ohne privates Eigentum zusammen.

Riverside Community
Rd 2 Upper Montere
NELSON

SUNBURST COMMUNITY

Kleine Cooperative von 3-4 Familien auf 80 Hektar Land.

Sunburst Community
Coroglen
COROMANDEL

TAURA

Städtisches Zentrum für Therapie und Kommunikation.

Taura
Box 42052
ORAREI
Auckland 5

TAURA CO-OP COMMUNITY CENTRE

Städtisches Zentrum mit Theater, vegetarischem Restaurant und handwerklichen und künstlerischen Aktivitäten.

Taura Co-op Community Centre
253 Vincent Street
NELSON

NOTIZEN

NOTIZEN

LITERATURHINWEISE

1. SPIRITUELLE KOMMUNEN, DORFPROJEKTE, ASHRAMS

Adressbuch alternativer Projekte: Jahrgänge 81/82 & 83, Klingelbach 81, 82 (mandala verlag Peter Meyer)

Akemeier, S./ Glätzer, H./ Goetz, R. u.a.: Utopie in der Hängematte, Korntal 1981 (Zündhölzchen)

Allen, Mark: Chryalis. A Journey into the New Spiritual Amerika, Berkeley 1978 (Pan)

Auroville: The First Six Years – 1868-1974, Auroville 1974 (Auropublication)

Bettelheim, Bruno: The Children of the Dream, New York 1970 (Avon)

Caddy, Eileen: Spuren auf dem Weg zum Licht, Kimratshofen 1983 (Greuth Hof)

Caddy, Eileen: Findhorn – Zenrum des Lichts, Heidelberg 1983 (Valentin-Wagner)

Communities: A Guide to Cooperative Alternatives, Louisa 1979 (Communities Publication)

connexions – das adressbuch alternativer projekte, Klingelbach 1984/85 (mandala verlag Peter Meyer)

connexions – New Age, Hrsg. Frank Schenker. Klingelbach 1986, i. Vorb. (mandala verlag Peter Meyer)

Diamond, Stephen: Was die Bäume sagen, Frankfurt 1972 (Fischer)

Eichler, N.A.: Sonnenstadt im Nebel, Oberhain 1975 (Irisiana)

Findhorn-Gemeinschaft: Leben in Findhorn, Freiburg 1981 (Bauer)

Findhorn-Gemeinschaft: Der Findhorn Garten, Berlin 1981 (Frank Schickler)

Foster, Thomas W.: The Amish and the Ethos of Ecology, in: The Ecologist, Vol. 10, No. 10, Dezember 1980

Fracchia, Charles A.: Living Together Alone. The New American Monasticism, New York 1979

Gaskin, Stephen: Sunday Morning Services on the Farm, Vol. One Summertown 1977 (Book Publishing Company)
.... and the Farm: Hey Beatnik! Summertown 1974 (Book Publishing Company)
Gizycki, Horst/ Habicht, Hubert: Oasen der Freiheit, Frankfurt 1978 (Fischer)
Goetz, Rolf: Von der Landkommune zur Dorfgemeinschaft. Ökologische Modelle zwischen Anarchie und Spiritualität, Herford 1980 (Zündhölzchen)
Hawken, Paul: Der Zauber von Findhorn, München 1980 (Kailash)
Holzach, Michael: Das vergessene Volk, Hamburg 1980 (Hoffman & Campe)
Hostetler, John A.: Amish Society, Baltimore 1980 (Hopkins)
Houriet, Robert: Getting back together, London 1973 (Abacus)
Jerome, Judson: Families of Eden, London 1975 (Thomas & Hudson)
Klosterman, Michael: Auroville – Stadt des Zukunftsmenschen, Frankfurt 1976 (Fischer)
Kriyananda, Swami: Kooperative Kommunen, Berlin 1978 (Schickler)
MacLean, Dorothy: Du kannst mit Engeln sprechen, München 1983 (Aquamarin)
Matsuba, Moshe: The Communes of Japan, Kibbutz Akan 1979 (Japanese Commune Movement)
Mildenberger, Michael: Die religiöse Revolte, Frankfurt 1979 (Fischer)
Moritz, Walter-Archeion: Die Utopie hat begonnen, Alpen 1979 (Zero)
Murray, Muz: Seeking the Master. A Guide to the Ashrams of India, Jersey 1980 (Neville Spearman)
Nearing, Helen & Scott: Ein gutes Leben leben, Schaafheim 1981 (Pala)
Paulsen, Norman: Sunburst. Return of the Ancients, Goleta 1980 (Sunburst Farms)

Spangler, David: Vision of Findhorn,
Forres 1977 (Findhorn)
Spiritual Community Guide 1979, San Rafael 1978
(Spiritual Community Publication)
Winddruck Kollektiv: Die Farm. Über das Leben in einer
Kommune mit 1200 Mitgliedern (Winddruck)
Wojak, Andreas: Dat wi överleven,
Berlin 1980 (Jocobsohn)
Zablocki, Benjamin: Alienation and Charisma,
New York 1980 (Macmillan)
.... The Joyful Community
Chicago 1980 (University of Chicago Press)

2. NEW AGE PHILOSOPHIE

Allen, Marcus: Tantra im Westen, Werkstatt edition 82 ?
Aurobindo, Sri: Alles Leben ist Yoga, München '75 (Barth)
Boyd, Doug: Rolling Thunder, München 1978 (Trikont)
Capra, Fridjof: Wendezeit, Bern-München-Wien 1983
Deshimaru Roshi: Za Zen, Berlin 1981 (Kristkeitz)
Feild, Reshad: Das Siegel des Derwish, Düsseldorf-Köln
1980 (Diederichs)
Feild, Reshad: Ich ging den Weg des Derwisch, Düsseldorf-Köln 1977 (Diederichs)
Ferguson, Marylin: Die sanfte Verschwörung, Basel 1983
(Sphinx)
Gaskin, Stephen: Mind at Play, Summertown 1979
Gaskin, Stephen: This Season People, Summertown 1976
(beide: Book Publishing Company)
Goldstein, Joseph: Vipassana Meditation, Berlin 1978

Govinda, Lama Anagarika: Der Weg der weißen Wolke, Bern - München - Wien (Scherz)
Joshu Sasaki Roshi: Buddha is the Center of Gravity, San Cristobal 1974 (Lama Foundation)
Krishnamurti, Jiddu: Leben, Frankfurt 1977 (Fischer)
Lame Deer: Tahca Ushte – Medizinmann der Sioux, Frankfurt 1981 (Fischer)
Lao Tse: Tao Te King, neu bearbeitet von Gia fu Feng, Haldenwang 1981 (Irisiana)
Patanjali: Die Wurzeln des Yoga, Bern-München-Wien 76
Ram Dass: Alles Leben ist Tanz, Berlin 1976 (Schickler)
Ram Dass: Sei jetzt hier, Berlin 1978 (Sadhana)
Roszak, Theodore: Gegenkultur, Düsseld.-Wien 71 (Econ)
Roszak, Theodore: Unfinished Animal. The Aquarian Frontier and the Evolution of Consciousness, New York 1977 (Harper & Row)
Satprem: Auf dem Weg zum Übermenschen, Weilheim 73
Satprem: Der Mensch hinter dem Menschen, Bern-München-Wien 1981 (Barth)
Spangler, David: New Age – Die Geburt eines Neuen Zeitalters, Kimratshofen 1983 (Greuth Hof)
Spangler, David: Relationship & Identity, Forres 1977
Spangler, David: Towards a Planetary Vision, Forres 1977 (beide: Findhorn)
Sujata, Anagarika: Beginning to See, Klingelbach 1982 (mandala verlag Peter Meyer)
Sun Bear & Wabun: Das Medizinrad, München 82 (Trikont)
Trungpa, Tchögyam: Spiel der Illusionen, Haldenwang 1979 (Irisiana)
Waters, Frank: Book of the Hopi, New York 1969 (Ball.)
Watts, Allan: Der Lauf des Wassers, Bern-München-Wien 1976 (Barth)
Watts, Allen: Psychotherapie und östliche Befreiungswege München 1980 (Kösel)
Watts, Allan: Dies ist es, Basel 1979 (Sphinx)
Watts, Allan: Zen. Tradition und lebendiger Weg, Rheinberg 1981 (Zero)
Wilber, Ken: Halbzeit der Evolution, Bern-München-Wien 1984 (Scherz)

3. ZEITSCHRIFTEN

Auroville Review: The Journal of the Community of Auroville, The Center, Auroville, Tamil Nadu, Indien 605101

Communities: Journal of Cooperative Living, Twin Oaks Community, Louisa, Route 4, VA 23093, U.S.A.

Co-Evolution Quarterly: Sausalito, Box 428, CA 94965, U.S.A.

Durchblick, Hrsg. Michael Ladwein, Im Himmelreich 13, 8991 Esseratsweiler

East West Journal: 17 Station Street, Brookline, MA 02146, U.S.A.

Erde und Kosmos: Hrsg. Hellmut Finsterlin, 7869 Holzinshaus, Post Schönau

Green Revolution: P.O. Box 3233, York, PA 17402, U.S.A.

Hologramm: Hrsg. Bruno Martin, Auf der Höhe 10, 2121 Südergellersen

Humus: Hrsg. Werner Pieper, 6941 Löhrbach

Jedermann: Koburger Str. 12, 1000 Berlin 62

Lichtheimat: Hrsg. Lichtheimat Ashram, Teilenstraße 30 A-6890 Lustenau

Nachbarschaft: Hrsg. Pala-Verlag, Schloßgraben 21, 6117 Schaafheim

New Age Journal: 244 Brighton Avenue, Allston, MA 02134, U.S.A.

One Earth: Hrsg. Findhorn Foundation, The Park, Forres, IV36 OTZ, Schottland

Spinx Magazin: Hrsg. Spinx Verlag, Basel

Purna Yoga: Merschstraße 49, 4715 Ascheberg-Herbern, (in englisch und deutsch)

Sphinx Magazin: Hrsg. Sphinx Verlag, CH-Basel

Ulcus Molle Info: Hrsg. Josef Wintjes, Böckenhofstr. 7, 4250 Bottrop

Undercurrents: 27 Clerkenwell Close, London

Unicorn: Postfach 5105, 4930 Detmold

Zero Magazin: Vierbaumer Heide 82a, 4134 Rheinberg 4

NAMENSREGISTER

CONNEXIONS
adressbuch alternativer projekte

Vollkommen neu konzipiert enthält dieses sensationelle Handbuch zur Information über die Alternativszene und zur Herstellung persönlicher Kontakte etwa 2000 Adressen, Gruppenselbstdarstellungen und Projektbeschreibungen aus der Bundesrepublik Deutschland.
Die Adressen sind regional gegliedert nach Postleitzahlen. Ein ausführliches Schlagwortregister macht die Beschreibungen nach Themenbereichen auffindbar, was einem Branchenverzeichnis gleichkommt. Darüberhinaus erleichtert ein Namensregister dem Leser den Zugriff zu den ihm schon bekannten Projekten.
Ein phantastisches Verzeichnis mit Darstellungen der vielfältigen Versuche neuer Lebens- und Arbeitsformen, die **"Gelben Seiten der anderen Kultur" (Südwestfunk).**

470 Seiten 18 x 12 cm, Paperpack, Vierfarbumschlag, kaschiert, Innenteil auf Umweltschutzpapier.
ISBN 3-922057 - 40 - 4 DM/sFr 15.-